出版营销实务

姜帆 著

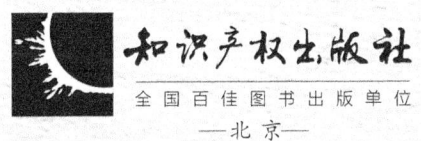

图书在版编目（CIP）数据

出版营销实务/姜帆著. —北京：知识产权出版社，2021.4
ISBN 978-7-5130-7508-4

Ⅰ.①出… Ⅱ.①姜… Ⅲ.①出版业—市场营销学 Ⅳ.①G235

中国版本图书馆 CIP 数据核字（2021）第 074253 号

内容提要

出版业的营销实践是在出版行业的市场环境和运作规律中进行的，有其独有的特点和方法。本书来源于作者多年的教学实践，力图以市场营销学的理论框架为基础，结合出版业的行业特性和发展趋势，依托典型的出版营销案例，梳理出版行业营销的基本理论，总结具体实用的营销策划方法，并提供了营销策划案写作模板，更直观地展示各要素内容在营销策划流程中所处的阶段。本书可供出版行业营销策划人员和高校出版学专业学生学习使用。

责任编辑：张　珑　阴海燕　　　　　　责任印制：孙婷婷

出版营销实务
姜帆　著

出版发行：知识产权出版社有限责任公司		网　　址：http://www.ipph.cn	
电　　话：010-82004826			http://www.laichushu.com
社　　址：北京市海淀区气象路 50 号院		邮　　编：100081	
责编电话：010-82000860 转 8598		责编邮箱：laichushu@cnipr.com	
发行电话：010-82000860 转 8101		发行传真：010-82000893	
印　　刷：北京九州迅驰传媒文化有限公司		经　　销：各大网上书店、新华书店及相关专业书店	
开　　本：720mm×1000mm　1/16		印　　张：13.25	
版　　次：2021 年 4 月第 1 版		印　　次：2021 年 4 月第 1 次印刷	
字　　数：200 千字		定　　价：58.00 元	
ISBN 978-7-5130-7508-4			

出版权专有　侵权必究
如有印装质量问题，本社负责调换。

FOREWORD 前言

时代的发展日新月异，人们在营销领域的探索从未停止，并源源不断地为出版业的营销实践提供新思路和新方法。但是，出版业的营销实践是在出版行业的市场环境和运作规律中进行的，有其独有的特点和方法。本书力图以市场营销学的理论框架为基础，结合出版业的行业特性和发展趋势，依托典型的出版营销案例，梳理出版行业营销的基本理论，总结具体实用的营销策划方法，供出版业营销策划人员和高校出版学专业学生学习使用。

笔者自2014年开始在北京印刷学院编辑出版学专业讲授《出版营销实务》课程。通过多年的教学实践，笔者对出版行业的营销现状有了比较全面和深入的了解，也触发了很多关于这门课程教学内容和教学方法的思考。这是写作本书的最初动因。而教学中各种素材的积累是本书得以形成的基本保障。本书的七个部分基本涵盖了课程讲授的主体内容，书后提供的营销策划案写作模板旨在更加直观地展示各部分内容在一次营销策划流程中所处的阶段以及在整个营销策划中的意义。本书的最后，笔者提供了一份学生的结课作业，内容是她们为自己策划的图书所撰写的营销策划案全文，以帮助大家更好地理解出版业的营销策划流程。

本书尤为突出的是实用性。实用意味着与时俱进。紧跟时代步伐讲营销，才能让人知道如何在当下做营销。数字技术的发展，媒介融合的革新,短视频的广泛运用,全民直播的汹涌浪潮,它们会给出版业带来怎样的变革?又会如何影响出版产品、价格、渠道和促销策略?笔者希望在书中提交一份答卷。但同时,由于当前新的出版营销现象层出不穷,笔者唯恐关注不及时理解不到位,并且缺乏足够的行业实践,学识水平和教学经验也十分有限,必然导致书中有诸多不足。凡有错误之处,恳请读者朋友给予批评指正。

本书所附营销策划案由北京印刷学院编辑出版学专业韬奋班2016级学生提供,她们是朱琳、阮曼琦、宋梦真、吕雅涵和杨雅君。在此表示由衷的感谢。感谢五位女生非常认真努力地完成结课作业,并无私提供文本供大家学习。

笔者相信,随着时间的推移,虽然书中的一些内容一定会被时代所淘汰,但我们的观察、实践和思考一直会延续。期待出版业未来更好的发展,期待出版业的营销有更多可以讲述的故事。

姜 帆
2021 年 1 月

CONTENTS 目 录

第一讲　出版市场营销环境 ··· 001
　　第一节　出版市场营销环境的分析对象 ····················· 003
　　第二节　出版市场营销环境的分析方法 ····················· 019

第二讲　出版市场细分和定位 ·· 028
　　第一节　出版市场细分 ··· 031
　　第二节　出版目标市场的选择 ······································· 043
　　第三节　出版目标市场的定位 ······································· 049

第三讲　出版产品策略 ·· 056
　　第一节　出版产品整体概念 ··· 060
　　第二节　出版产品组合 ··· 067
　　第三节　出版产品生命周期 ··· 074

第四讲　出版品牌 ·· 087
　　第一节　出版品牌的界定 ··· 091
　　第二节　出版企业品牌形象的建构 ······························· 097

第三节　出版企业品牌形象的传播 …………………………… 105

第五讲　出版价格策略 ………………………………………………… 113
　　第一节　图书的定价依据 …………………………………… 115
　　第二节　图书的定价方法 …………………………………… 124
　　第三节　图书的定价策略 …………………………………… 128

第六讲　出版渠道策略 ………………………………………………… 131
　　第一节　两种基本的渠道模式 ……………………………… 134
　　第二节　网络零售渠道 ……………………………………… 141
　　第三节　渠道设计与管理 …………………………………… 148

第七讲　出版营销策略 ………………………………………………… 154
　　第一节　出版企业的传统媒体营销策略 …………………… 157
　　第二节　出版企业的社会化媒体营销策略 ………………… 167

附1：《营销策划案》写作大纲 ……………………………………… 186

附2：《花想容——美妆的历史》营销策划案 ……………………… 188

第一讲　出版市场营销环境

 导入材料

2020年农历新年前夕，我国遭遇突如其来的新型冠状病毒肺炎疫情（以下简称"新冠肺炎疫情"），打破了春节的祥和与喜庆。面对日益蔓延的疫情，全国人民万众一心，共同抗疫。作为普通民众，能做出的最大贡献就是主动居家隔离。人们无法出门，生活方式被迫彻底改变，由此给社会经济的发展按下了暂停键，各行各业都面临着经济停摆状态下的生存大挑战。出版业亦是如此。

受新冠肺炎疫情的影响，出版业各种线下生产经营活动基本处于停滞状态。图书生产印制延迟，现场新书发布会无法如期举行，实体书店门庭冷落。因新冠肺炎疫情不断升温，2020年3月4日，伦敦国际书展承办方正式宣布取消第49届伦敦国际书展。

疫情导致出版业生存环境突然恶化，倒逼出版从业者不得不迎难而上，直面问题并快速做出反应。将经营主战场从线下转移到线上，是出版企业给出的答案。就拿营销来说，我们不难发现，出版企业线上营销方式正进行多样化探索，并且不断地拓展和深入。比如，直播售书、抖音荐书、代购社群、名师公益线上讲堂等各种营销方式的应用已屡见不鲜。例如，也是在2020年3月4日，悦悦图书天猫店带着网友们通过直播镜头云游上海译文出版社，社长总编在直播中亲自上阵，成为带货达人。

行业的统计数据也表明，线上营销在疫情期间有效弥补了线下经营的缺位，成为出版产品的销售主渠道。中信出版集团在2020年8月底发布的半年报中表示,"公司构建了电商平台、社群、直播、视频号、异业合作等线上销售矩阵,快速反应,联合运营效果显著,2020 年上半年自营线上销售同比增长达到 40%,尤其是抖音等短视频平台小店实现了 9 倍销售增幅,成为重要销售渠道。线上销售增长有效填补了疫情对线下销售的影响。"❶

2020 年 8 月底各家出版上市企业发布的半年报数据显示,出版上市企业多年的增长势头出现停滞。"22 家出版上市企业 2020 年上半年实现营业收入 470.75 亿元,相较去年同期减少 9.95%,实现归属母公司股东净利润 60.12 亿元,相较去年同期下滑 50.12%。22 家出版上市企业中,仅有读者传媒、中文在线、掌阅科技三家营业收入、净利润相较去年同期均有增长。具体到个股,凤凰传媒、中文传媒、中南传媒上半年营收超过 40 亿元,净利润超过 5 亿元,两项指标均位列出版上市企业前三;营收跌幅最大的则是出版传媒、天舟文化、世纪天鸿,相较去年同期营业收入下滑超过 20%,归属母公司净利润跌幅超过 50% 的三家出版上市企业则是新华传媒、出版传媒、世纪天鸿。"❷ 出现这种状况,主要原因还是疫情给出版业生存环境带来较大的负面影响。但是,与此同时,教育出版尤其是义务教育阶段的教材教辅业务受疫情影响相对较小。"不同于其他学龄段,义务教育阶段春季教材多数在疫情暴发前均已开始启动发行,同时其刚需属性也使得这部分业务受疫情影响相较较小。从整体来看,尽管上半年全国范围内学校延迟开学,部分地区取消了春季学期的开学计划,但多数地方出版集团仍旧在疫情暴发前后制定了教材教辅的紧急发行方案,从而完成了教材教辅发行的任务,实现了'课前到书,人手一册'的同时也稳住了营收的基本盘,尽可能地把疫情对经营的不利影响控制在最低程度。"❸ 义务教育阶段的出版即使在疫情期间仍未受到影响,归根结底是由其刚性需求的社会环境所决定的。

---

❶ 黄璜:《出版上市公司半年报,哪些趋势值得关注?》,载于《出版人》,2020 年第 10 期。
❷ 同❶。
❸ 同❶。

以上文字主要讲述了新冠肺炎疫情之下我国出版业在经营中的种种应对之举,也用数据说明了出版上市企业在 2020 年上半年的经营业绩。如果要从中提炼出一个关键词,那一定是"环境"。疫情突然降临,导致出版业赖以生存的环境发生巨大变化。巨大的环境变化,导致出版业需要快速应急响应,生产经营策略必然做出适应性调整。准确把握出版市场营销的环境,全面梳理出版市场营销的环境,清晰判断出版市场营销的环境,这是走向成功的出版市场营销必须迈出的第一步。

 学习内容

本讲主题是"出版市场营销环境"。通过学习,你将掌握如何对某一出版产品的市场营销环境做出既全面又准确的梳理和分析。具体包括:

※ 出版市场营销环境的分析对象

※ 出版市场营销环境的分析方法

第一节 出版市场营销环境的分析对象

市场营销不是在真空中进行,营销环境对其成败起着至关重要的作用。而营销环境是不断发展变化的,需要及时追踪和监测。对于出版市场而言,出版市场营销环境是指影响出版企业营销活动与成效的所有因素和力量的集合,包括宏观(间接)营销环境和微观(直接)营销环境(见图 1-1)。研究出版市场营销环境及其发展变化,是出版企业成功开展市场营销活动的前提。对某个出版产品进行市场营销环境的分析,分析对象就是其宏观营销环境和微观营销环境。下面将对这两类环境的具体分析元素逐一进行讲解。

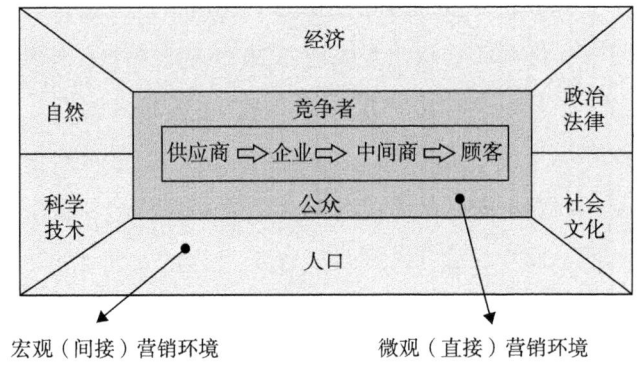

图1-1 出版市场的宏观营销环境和微观营销环境

一、出版市场宏观营销环境

出版市场宏观营销环境是指间接影响和制约出版企业经营活动的社会性力量和因素,具体包括人口环境、经济环境、自然环境、科学技术环境、政治法律环境和社会文化环境。

(一) 人口环境

现代营销学之父菲利普·科特勒认为,从营销学的角度来看,市场就是产品的现实和潜在的购买者。由此可见,人是市场的主体,人口是构成市场的第一要素。因此,在出版市场宏观营销环境的分析中,人口环境首当其冲。人口环境主要包括人口总量、人口结构和人口分布三个要素。

1. 人口总量

人口总量涉及人口总数和人口增长率两个指标,分别反映出版市场容量的规模及其发展趋势。2019年6月17日,联合国经济和社会事务部发布名为《世界人口展望2019:发现提要》的报告中说到,2050年世界人口将增至97亿。❶ 我国于2020年11月开展的第七次人口普查结果显示,中国总人口达14.1178亿人,10年(2010—2020)增加约7206万人,年

---

❶ 《2050年世界人口将达97亿》,《人民日报》,2019-06-19,第16版。

增长率约为 0.53%。在购买力相同的情况下，人口数量的增长就意味着出版市场容量的扩大。这意味着，我国仍拥有世界上最大的出版市场容量和市场潜力。无论放眼世界，还是聚焦国内，出版营销都有着广阔的运作空间。

以我国蒸蒸日上的少儿出版为例。2020 年 10 月国家新闻出版署发布的《2019 年全国新闻出版业基本情况》数据显示：截至 2019 年年底，全国共有出版社 585 家（包括副牌社 24 家），其中中央级出版社 218 家（包括副牌社 13 家），地方出版社 367 家（包括副牌社 11 家）。在全部 585 家出版社中，有 552 家出版社出版少儿类图书，约占总数的 95%。而这 552 家参与少儿出版的企业中，仅 27 家市场份额超过 1%，累计市场份额超过 55%，其余 525 家参与少儿出版的企业争夺不足 45% 的少儿出版市场。由此可见，少儿出版市场头部效应明显，同时市场竞争异常激烈。尽管众多的非专业少儿出版社此前从未出版少儿类图书，但它们也开始对少儿出版领域跃跃欲试，纷纷加入这场竞争之中。

究其原因，人口是我国少儿出版最大的红利。"单独二胎"政策出台，"三胎政策"全面放开，意味着中国的未成年人口数量将长期保持在相对高峰值。未成年人口数量的增长，则预示着少儿出版市场需求的增加和市场容量的扩大，这必然将吸引更多的出版企业参与竞争，推动少儿出版市场的持续繁荣。

2. 人口结构

如果说人口总量是从"量"的角度来分析人口环境对出版营销的影响，那么人口结构则是从"质"的角度来分析人口环境对出版营销的影响。人口结构反映的是某一市场中各个组成部分之间的关系及其份额。其测量指标主要包括性别结构、年龄结构、民族结构、受教育程度、家庭类型等，这些因素都可作为出版市场细分的重要依据。

3. 人口分布

人口分布是指人口在不同地理区域的密集程度。静态人口分布研究的是人口密度，动态人口分布则研究的是人口流动。不同的地理区域，意味着不同的市场需求特点和消费习惯。而人口流动也必然带来市场需求的相应变化。因此，出版营销人员必须在充分了解人口密度和人口流动状况的基础之上，有的放矢地制订营销计划。

（二）经济环境

对于出版产品的销售来说，购买力和人一样重要。经济环境或直接或间接地影响着消费者的购买力和消费方式，对出版经营活动影响强烈。经济环境主要包括宏观经济环境、消费者收入水平和消费者消费结构等。

1. 宏观经济环境

宏观经济环境包括经济体制、经济结构、经济增长状况、经济政策、经济形势等要素，每一要素的变化都对出版经营活动产生影响。例如，我国在计划经济体制下，图书供不应求，出版社只管生产而无须营销。但在市场经济体制下，图书市场竞争日益激烈，供过于求成为常态，营销成为必不可少的经营管理手段。再看宏观经济形势。2015年以来，世界经济增速缓慢，我国经济增速下行。但是，我国经济仍具备保持中高速增长的潜力。改革开放的深入推进，极大激发经济社会发展的动力和活力，助推出版产业的发展。

2020年，新冠肺炎疫情对中国和世界经济造成百年一遇的大冲击。专家称其影响堪比1918年西班牙流感、1929年全球经济危机和2008年的国际金融危机。我国乃至全球的经济发展都受到疫情的重创。宏观经济环境受到巨大负面影响。当各行各业都在探讨后疫情时代将如何创新发展时，无一例外会将宏观经济环境的发展变化作为最重要的观测指标。出版业在疫情影响下当何去何从，评判和决策都要以宏观经济环境为首要参照指标。

2. 消费者收入水平

消费者购买能力首先取决于消费者收入水平。这是出版营销人员面对市场时首要关心的问题。研究消费者收入，通常需研究五个指标，包括国民生产总值、人均国民收入、个人收入、个人可支配收入、个人可任意支配收入。个人可任意支配收入，是指个人可支配收入减掉生活必需品支出后剩下的那部分收入。由于出版产品对个人而言通常并不是生活必需品，因此它是决定出版产品消费者购买力的最关键因素。对于出版营销来说，个人可任意支配收入是更具现实意义的考量指标。

3. 消费者消费结构

消费结构是消费者各类支出的比例关系。常用的恩格尔系数即是用来计算食品支出总额占个人消费支出总额的比重。众所周知，民以食为天。在收入水平较低时，食品在消费支出中必然占有重要地位。随着收入的增加，食物需求得到满足后，消费的重心就会向穿、用、行等其他方面转移，即消费结构从生存型向享受、发展型转型。恩格尔系数越大，一个家庭或国家的生活越贫困，生存型消费结构是主导；反之，恩格尔系数越小，生活则越富裕，发展型消费结构更为普遍。出版产品消费是典型的精神消费，越富裕的家庭、地区或国家，其相关支出就会越高。因此，在出版产品的发行和营销过程中，消费者的消费结构也是一个必要的决策考量因素。

(三) 自然环境

自然环境是指能够影响出版生产和经营活动的各种自然因素，包括地理条件、气候条件、自然资源、生态环境、能源供应，等等。伴随人类社会工业化进程的加速，资源短缺、环境污染、生态破坏已经成为全球性的三大危机。自20世纪60年代开始，自然环境日益成为企业和公众共同关注的世界性问题，也因此诞生了兼顾企业利润、消费者欲望和社会利益三者关系平衡的社会营销观念。下面，具体分析对出版营销产生影响的自然环境因素。

1. 地理位置

对出版营销活动而言，地理位置是自然环境中最为重要的一个因素。出版营销人员在考虑出版产品发行网点的分布、仓储网点的分布、配送的便利性以及营销活动地点的设置等具体问题时,都必然涉及地理位置的选择。

例如,以仓储地理位置的选择为例。仓储运输对一家出版机构维持正常的运营至关重要。仓库地理位置的选择是决策者不得不慎重对待的大事。受到仓储物流成为北京疏解"非首都功能"着力点之一的政策影响,从2017年到2018年,北京出版机构图书库房迎来一波"离京潮",纷纷撤离在通州、大兴、房山等地的聚集地,在北京周边的天津、廊坊、霸州等地重新落地。❶

2019年11月4日,"读库"微信公众号发表《来自读库的求助》一文,品牌创始人张立宪在文中称,因不可抗拒的因素,位于北京市顺义区的读库库房面临大规模迁移,为了筹措资金、腾空货位,亟须读者"把书房变为读库库房"。七个月后,读库在江苏南通建成新的物流基地,并于2020年6月6日向读者进行了一场以"为读而库"为主题的网络直播,向为库房搬迁伸出援手的读者们介绍读库"新家",满怀着感恩之情。

2. 资源短缺

传统出版离不开纸张,而目前全球正面临纸张供应短缺的困境。由此导致原材料价格上涨,出版企业的生产成本必然随之上升。凤凰网2018年5月7日一则标题为"短短四天全国32家纸厂宣布要涨价"的新闻写道,2018年5月初的四天里,全国就有32家纸厂宣布涨价,每吨涨价幅度达100元至300元不等,而早在2016年年底,普通的胶版纸就已经从5000元/吨上涨至7000元/吨。现实困境倒逼出版企业必须更加合理地利用自然资源,创新生产方式,开发新产品。例如,电子书的诞生、按需印刷的兴起。这也是出版营销中所涉及的新议题。

3. 环境污染

传统出版也离不开印刷。在印刷过程中,化工原料和废弃物排放必然对环境造成污染。印刷产业虽算不上重污染业,但因相关企业和从业人数

---

❶ 小刺:《终日为图书库房发愁的人,还真不止读库老六一个》,微信公众号"出版人杂志",2019-11-05。

较多,所造成的环境污染也不容忽视。因此,在环境污染的治理进程中,出版企业肩负着不可推卸的责任。例如,研究控污技术、采用环保材料、使用绿色包装等。这些环保主张,无疑也可以成为出版产品宣传中的亮点。此外,出版企业也可以通过绿色营销、公益营销的方式,向公众传播环保理念,树立良好的企业品牌形象。

(四) 科学技术环境

科学技术是人类社会发展的重要推动力。尤其是数字技术的兴起和移动互联网的普及,给人类的生产和生活带来了翻天覆地的变化。它们的影响渗透到社会的各行各业,甚至重塑许多产业的价值链,颠覆了人们的固有认识。出版业的变革正是如此。因此,出版营销人员必须适应数字技术和互联网技术对出版流程的再造,充分利用科技进步带来的便利,制定合理有效的营销策略。当前,科学技术环境对出版营销的影响,主要体现在以下四个方面:

1. 利用大数据分析确定选题——营销内容更精准

当前,营销渗透到出版流程的各个环节,包括最初的选题策划阶段。满足读者需求,是出版工作的基本出发点。自2012年开始,"大数据"成为热词,大数据时代来临。大数据分析成为获取读者信息的有效途径。出版业也开始利用大数据技术分析读者的阅读喜好,据此确定图书选题,为目标读者生产他们爱看的书。例如,京东集团自有品牌"京东出版"推出的第一本书——《大卫·贝克汉姆》,就是通过对其网站1700万用户销售数据的分析而做出的决定。

再比如,通过对图书CIP大数据的统计分析,可以获取诸多图书出版信息,为图书选题策划提供参考。关于主题出版,大数据分析出它在2018年主要聚焦九个方面的内容,包括习近平新时代中国特色社会主义思想、改革开放40周年、党史党建、"一带一路"、纪念马克思诞辰200周年、中国梦和中国特色社会主义、社会主义核心价值观、雄安新区和京津冀协同发展、中华人民共和国成立70周年。每一方面的具体出版情况也都有数据可查。毫无疑问，这些信息可为主题出版新的选题策划提供充分的决策参考。利用大数据分析确定选题，可谓有的放矢，确保了出版产品有更加精准的营销对象，并进一步确保制定出更加精准的营销策略。

2. 出版周期缩短——营销活动的频率更密集

伴随数字技术和互联网技术的飞速发展，出版产品的编校、印制和发行上市的周期大大缩短。这意味着出版营销工作的任务势必更加艰巨。同时，网络出版机构越来越多，高科技公司也在不断开发多款网络出版平台，促进了出版产品品种的迅速更新。但是，出版产品数量激增的同时质量却良莠不齐。这种行业现状更加凸显出版营销的重要性。通过发挥营销的积极作用，将真正优秀的出版产品推荐给读者，在实现经济效益的同时，也履行传承文化的社会职责。

此外，在 2020 年上半年直播短视频业务常态化的背景下，线上营销更加灵活方便的特点，也极大提升了出版机构的营销频率。一些出版机构成立专门的网络营销部门或是新媒体工作小组，主导线上营销工作。中国妇女出版社 2020 年 6 月以来每周固定直播 3 场，直播业务成为常态化营销方式，旨在打通出版社知识服务矩阵，凸显该社在家庭教育内容的垂直化、精细化运作，扩大图书和出版社品牌影响力。

3. 销售渠道多样——营销平台更加多元化

从 1995 年开始，中国就已经出现网络书店的身影。直到 1999 年当当网上线，才正式拉开国内图书网络销售渠道的大幕。以当当、京东、亚马逊为代表的电商销售平台，彻底改变了过去以实体书店为主的出版产品销售渠道模式。随后，微博、微信等自媒体平台的兴起，成为出版产品营销推广的新战场。此外，以人群特征和喜好为聚合点的社群电商、微信团购号、短视频直播平台等各种网络销售渠道的开发和使用正如火如荼地进行着。营销平台更加多元化，意味着进行出版产品销售和推广时可供选择的渠道更加丰富，那么如何选择适销对路的渠道组合，成为对营销从业人员的一个重要考验。

《2020中国图书零售市场报告》统计数据显示，2020年中国图书零售市场码洋总规模为970.8亿元。网店保持较高速度增长，同比增长7.27%，码洋规模达767.2亿元；实体店继续呈现负增长，同比下降33.8%，码洋规模203.6亿元。显而易见，线上销售已经成为图书销售的主渠道。出版营销工作在此环境下，理应将重心从线下转移到线上，主动研究线上营销的新方法新规律，顺应时代之需。

4. 读者信息接收方式的改变——营销媒介的选择更具针对性

中国互联网络信息中心（CNNIC）发布的第47次《中国互联网络发展状况统计报告》显示，截至2020年12月，我国网民规模达9.89亿人，手机网民规模达9.86亿人，网民中使用手机上网人群占比高达99.7%。❶这一数据充分说明，手机已经毫无疑问地成为读者接收信息的最主要方式。

在此现实背景下，研究读者阅读行为的变化，针对读者手机阅读、网络阅读、碎片化阅读等阅读方式和阅读习惯的普及，在出版营销中选择合适的营销信息传播载体就显得格外重要。例如，伴随微信的流行而兴起的微信营销，实现了出版商对读者的点对点式互动营销。基于网民对视频网站的喜爱和高频率使用，视频网站已成为出版产品广告传播的重要载体。还有诸如罗辑思维这样的自媒体，旨在打造知识经济社群，从诞生开始就以阅读服务为主打，也必然成为出版产品推广的优质平台。

（五）政治法律环境

政治法律环境，指一个国家或地区的政治制度、体制、方针政策和法律法规等因素。这些因素常常制约和影响企业的经营行为，也是从事营销活动的基本行为准则。以下从政治环境和法律环境两个层面来做具体分析。

1. 政治环境

政治环境是指企业市场营销活动的外部政治形势和国家的方针政策及

---

❶ 中国网信网：中国互联网络信息中心（CNNIC）发布第47次《中国互联网络发展状况统计报告》，2021-02-03，http://www.cac.gov.cn/2021-02/03/c_1613923423079314.htm.

其变化。它对出版企业营销活动的影响具有直接性、难以预测性和不可逆转性等特点。

国家政局稳定，人民才能安居乐业，这是进行出版产品这种精神消费品消费的前提。否则，在一个政局不稳的动荡社会，经济无法发展，多数人的基本物质生活难以保障，出版产品的消费势必成为一种奢求。我国当前已经进入全面深化改革的关键时期。

针对文化建设，2012年到2017年，由国务院及各部委联合发布的政策达63项，内容涉及文化消费、知识产权建设、数字创意产业、市场监管、对外文化贸易、文化法律法规等各个领域，为出版业发展提供了全方位的政策支持。例如，党的十八届五中全会（2015年10月）指出，"要建设社会主义文化强国，增强国家软实力，坚持社会主义先进文化前进方向，进一步深化文化体制改革。要完善文化管理体制，建立健全现代市场体系，构建现代公共文化服务体系，提高文化开放水平。"良好的政治形势无疑为出版业创造了良好的发展环境。

与此同时，国家所制定的其他方针政策，如人口政策、物价政策、能源政策、财政政策、货币政策等，都会对出版企业的营销活动带来影响。例如，国家通过降低存贷款利率，能够刺激消费的增长；通过征收个人所得税，可调节消费者收入的差异，从而影响人们的购买力。

具体到图书出版行业的政策环境，出版营销工作人员首先需重点关注图书出版行业监管部门所制定的相关政策。监管部门包括意识形态主管部门、图书行业主管部门、教育行政主管部门和文化行业主管部门等。其次，需关注图书出版行业相关的发展规划政策，如将要出台的"十四五"国家重点出版物出版规划、新闻出版业"十四五"时期发展规划等。

2017年，宣传和贯彻党的十九大精神是整个出版业年度工作的重要部分。在此政策的号召下，少儿出版的主力出版机构在少儿主题出版板块集中发力，充分围绕政策热点进行选题开发，打造了一批优秀出版产品（见表1-1）。

表1-1　少儿主题出版领域优秀图书产品

主题	出版社	图书产品
践行社会主义核心价值观	二十一世纪出版社	"我的第一本美德图画书"系列原创绘本
	河北少年儿童出版社	《好人365故事（青少版）》
响应时代的呼声	二十一世纪出版社	《一百个孩子的中国梦》
讲好中国故事，展现中国气象，传播中国声音，颂扬中国精神	长江少年儿童出版社	"烽火燎原"原创少年小说
	安徽少年儿童出版社	"雪域童年"系列
	中国少年儿童新闻出版总社	"伟大也要有人懂"系列
传播中国传统文化	湖南少年儿童出版社	"中国民族节日风俗故事画库"
	中信出版集团	"给孩子系列"

2019年，全国561家图书出版单位报送228020种选题。其中，医药卫生类和环境科学类选题增幅位居第二、第三位。究其原因，政策导向非常明显。自2016年国家发布《"健康中国2030"规划纲要》以来，我国医疗卫生事业迎来了一个新的发展期，医药卫生类选题大幅增长。2019年，为推动习近平生态文明思想贯彻落实，环境科学类选题亦出现大幅增长。这足以证明出版业发展对政治环境的高度依存关系。

2. 法律环境

法律环境是指国家或地方政府所颁布的各项法律、法规、法令和条例等。只有健全的法律保障才能为出版营销活动制定规范，引导其有序发展。我国已颁布的出版法规，包括综合性或专题性的法规超过1000件，初步形成了一套较完整的出版法规体系。但我国出版领域的法律法规还处于发展完善期，可谓任重而道远。目前已有的重要法律法规包括：《出版管理条例》《中华人民共和国著作权法》《出版物市场管理规定》《音像制品管理条例》《图书质量管理规定》等。

根据国家新闻出版署的规定，国内从事电子书业务的企业必须获得电子书的出版、复制、发行及进口四项资质中的一项。因此，全球出版业巨头亚马逊的Kindle商店在中国运营电子书业务就不得不借用中文在线的牌照，此举曾引发业内争议。

（六）社会文化环境

社会文化环境是指一个国家、地区和民族经长期发展而形成的价值观念、宗教信仰、消费习俗、风俗习惯、道德规范等的总和。它影响和制约着人们的消费需求、消费观念、生活习惯和购买行为，对出版企业的营销活动产生直接影响。

1. 价值观念

价值观念是指人们对社会生活中各种事物的态度和看法。它是社会文化在人们生活中长期渗透和积淀的结果，是民族性格的基石。因此，不同国家、不同文化背景下的人们价值观念存在很大差异。确定出版产品的选题需要以深入剖析消费对象的价值观作为前提，而出版产品的营销同样需要洞察消费者的价值观念，制定与他们的价值观念契合的营销方案。

2. 宗教信仰

宗教信仰是全人类所具有的普遍文化特征。它属于一种特殊的社会意识形态和文化现象。作为构成社会文化的又一个重要因素，宗教信仰在很大程度上影响着人们的思想观念、消费需求和消费行为。不同的宗教有自己的信仰、独特的节日礼仪、风俗习惯和生活禁忌。这就要求出版营销人员充分了解消费者在信仰上的差异，熟知不同宗教间的差异，在制定营销方案时一定要尊重不同的宗教信仰，以避免矛盾冲突的发生。法国著名的讽刺漫画杂志《沙尔利周刊》因为刊登宗教类的讽刺漫画曾多次遭受袭击。2015年1月7日，该杂志在巴黎的总部遭到武装分子袭击，造成多人伤亡。其当天上市的新一期内容聚焦于米歇尔·维勒贝克的新小说，该书设想了未来法国和欧盟被伊斯兰化后的画面。据法国媒体报道，有目击者听到袭击者高呼："我们为先知复仇了。"这样的极端事件有力地彰显出宗教信仰对出版工作的深刻影响。

3. 消费习俗

消费习俗是指一个地区或民族约定俗成的消费习惯。它是社会风俗的重要组成部分。研究消费习俗，特别是出版产品消费者的精神消费习俗，不但有利于合理规划出版产品的生产与销售，而且有利于引导消费者对出版产品的主动阅读和购买。例如，说起阅读习惯，中国人比较喜欢趣味性和实用性阅读，趣味小说、养生、创业、致富类书籍容易畅销，而欧美人则更偏爱文化、艺术、哲学类的深层次阅读。

二、出版市场微观营销环境

出版市场微观营销环境是指与出版企业营销活动直接发生关系的组织与行为者，具体包括出版企业内部环境、供应商、营销中介、顾客、竞争者和公众。

（一）出版企业内部环境

出版企业内部环境是出版营销的主观因素，也是起决定性作用的直接因素。出版企业的营销工作不是负责营销的部门独立进行的，它受到一些职能部门的制约，同时也必须与一些职能部门密切配合。这些部门具体包括企业高层管理者、财务部、人力资源部、编辑部、印前加工部、发行部等。

例如，某一本书在全社当年的出版计划中受重视的程度决定着它能否获得足够充分的营销资源，包括人力、物力和财力的供给。这在很大程度上取决于企业的高层管理者。20世纪美国"迷惘的一代"代表作家之一——菲茨杰拉德在1919年完成其处女作《人间天堂》。这部长篇小说从诞生之初就得到斯克里伯纳出版社编辑麦克斯·珀金斯的大力推荐。但因为它被认为是"新时代之声"而被出版社某些老派保守的元老们排斥，差点无法获得出版的机会。是珀金斯坚定的立场挽救了这部小说。他在编辑部会议上表态："如果我们拒绝菲茨杰拉德这样的作者，我将对出版失去任何兴趣。"❶ 这番话促使出版社的绝对领导者斯克里伯纳决定再花些时间考虑考虑。1920 年 3 月,《人间天堂》终于面世。珀金斯不仅为菲茨杰拉德争取到出版机会,还将这部小说的出版安排在圣诞节之后每年的第二个出版旺季,大力推广,在广告中骄傲地宣称菲茨杰拉德是"本社有史以来最年轻的长篇小说作家"。"《人间天堂》就像整个时代一面飘扬的旗帜。它不仅引起文学评论界的广泛注意,销售也势如破竹。"❷ 它在出版一周以后销量就超过了两万册。而在当时,新人作家的第一部长篇小说能卖五千册就是非常好的成绩了。

出版企业内部各职能部门的合理分工和密切合作,是对外成功开展出版产品营销活动的重要保障。

(二) 供应商和营销中介

出版企业的供应商主要包括出版原材料供应商、内容供应商(作者)、印刷供应商、物流供应商、仓储供应商以及书刊号供应商(政府)。每一个供应环节所提供资源的变化,都会直接影响出版企业的营销决策。当然,各种资源的供应状况与宏观环境的变化关系也极为密切,在进行分析时也要有所考虑。

比如书号资源。我国对书号实行严格的行政管理,书号是一种稀有的行政资源。行政部门可以借这种管理模式实现对出版市场的宏观调控,提高出版流程的规范化,也深化了民营图书公司和出版社的资源互补与合作。但是由此也造成书号买卖、图书质量受损、重复出版和资源浪费等一些行业乱象。随后,我们看到国家出重拳加以整治,书号管理政策发生变化。2018 年 3 月 1 日起,国家新闻出版署对所有出版社减少了书号的供应量,有些出版社的书号量甚至比 2017 年减少了一半以上。无疑,这对出版机构的生产运营产生巨大影响。

---

❶ A. 司各特·伯格著,彭伦译:《天才的编辑——麦克斯·珀金斯与一个文学时代》,第 20 页,桂林,广西师范大学出版社,2015 年版。

❷ 同❶。

营销中介是直接或间接协助出版企业进行产品销售的公司、组织和个人。主要包括三类：其一，发行中间商（主要是批发商和零售商）；其二，营销服务机构（主要指调研公司、广告公司、媒体公司、营销咨询公司等）；其三，金融机构（包括银行、信贷公司、保险公司等）。

(三) 顾客

顾客是企业营销活动的目标市场。对于出版企业来说，顾客分为三大类：

第一类是消费者市场，由个人或家庭组成，购买目的是个人消费；

第二类是发行商市场，由出版产品分销渠道中的批发商或零售商组成，购买目的是转售以获取利润；

第三类是非营利组织，由政府机构、社会团体、公共图书馆、学校或科研单位组成，购买目的是向公众或其成员提供阅读服务。

针对三类不同顾客的购买特征，出版企业需要分别制定不同的营销方案，区别对待。

(四) 竞争者

出版产品在营销过程中不仅要考虑目标顾客的需要，而且要在消费者头脑中留下比竞争对手更具优势的印象，以此赢得战略上的优势。对于出版企业来说，应关注的竞争主要来自两个层面：一是出版业内的新近加入者的竞争，二是同类替代品的竞争。

1. 新近加入者的竞争

这里所说的新近加入者，主要可分为三种不同情况：

其一，出版行业新加入者。主要指出版行业外资金的加入。在我国，以合作方式出书或企业冠名协办刊物，是行业外资金进入出版业的初级形态。比如，1998年我国首次出现在央视做电视广告的一本书——《学习的革命》，其背后操盘手是北京科利华教育软件技术公司。2014年，京东推出"京东出版"首部作品《大卫·贝克汉姆》，这意味着原本处于图书销售环节的电商,撇开传统图书生产模式,直接参与图书的策划与制作,成为出版业新的"搅局者"。业外资金进入出版业的方式有三种:以买断经营权的方式接手出版社的经营业务;以现金入股的方式重组现有资产并形成经营出版物或媒体的股份公司;借壳上市或将剥离出版采编业务后的经营性资产组合上市。❶

其二,出版领域新加入者。主要指某个出版企业尝试新的出版领域,成为某个出版领域的新加入者。2015年,经管类图书的市场领跑者——中信出版集团进入少儿出版领域,成立"小中信",并成功推出《科学跑出来》《遇见美好》《市场街最后一站》等畅销童书。读库,文化名人张立宪2006年创办的杂志书,在耕耘十余载之后也开始做少儿出版,创立童书出版品牌"读小库",也可视为我国少儿出版领域的新加入者。

其三,国际出版集团的"入侵"。中国加入WTO,为国内各产业带来发展机会的同时,也预示着更加激烈的国际竞争。一些国际出版集团对中国图书市场觊觎已久。早在1995年德国的贝塔斯曼集团就避开政策限制,以书友会名义成功抢滩上海,将触角伸向国内图书零售业。加入WTO之后国内出版企业面临更大挑战。跨国出版集团进军中国市场的初期,主要是向中国出版市场输入出版物和版权;随后开始在中国设立办事机构,和中国出版机构展开项目合作,并在相关领域投资;最终扎下根来,实施本土化战略,与我国本土出版集团形成直接竞争关系。

2. 同类替代品的竞争

其一,图书、报纸、期刊、音像制品、电子出版物和互联网出版物,都是出版内容的不同载体形式,都属于出版产品这个大类,都能满足人们的精神文化需求。从这个角度来看,它们可以相互替代,存在竞争关系。这是同类替代品竞争的第一层含义。其二,从微观层面上看,每一种不同形态的出版产品,内部存在更加直接的竞争关系。比如,四大名著系列图书,数百家出版社都出自己的版本,内容几乎没有差异,可替

---

❶ 刘吉波编著:《出版物市场营销》,第47页,北京,中国书籍出版社,2010年版。

代性很大，竞争非常激烈。出版品牌成为竞争关键，它是读者选择的一个重要依据。

（五）社会公众

社会公众是指与出版企业营销活动有关的组织和个人。公众对出版企业的态度和口碑直接影响其社会形象。出版企业面对的公众主要有六类，分别是金融公众、媒体公众、政府公众、社会团体、社区公众和内部公众。

第二节 出版市场营销环境的分析方法

如果将对出版市场营销环境做分析比作烹饪一道大菜，那么上一节所讲的各种环境分析对象就好比做这道菜需要用到的各种食材和调料，它们必须运用恰当方法经过烹饪之后才能大功告成。因此，掌握出版市场营销环境的分析方法尤其重要。环境分析的方法有很多，如战略环境要素评价模型、雷达图分析法、产品评价法及关键战略要素分析法，等等。结合出版市场的特性和出版产品营销所需的针对性和应用性，我们通常惯用的是SWOT分析法。

一、认识SWOT分析法

SWOT分析法是一种常用的企业内外环境条件战略因素综合分析方法。它是对宏观环境、市场需求、竞争状况和企业营销条件等要素进行综合梳理，由此分析出与企业营销活动相关的优势、劣势、机会和威胁（见表1-2）。

表1-2 SWOT分析要素

分析要素	分析内容
优势（Strengths）	企业较之竞争对手在哪些方面具有不可匹敌、无法模仿的独特能力
劣势（Weaknesses）	企业较之竞争对手在哪些方面存在缺陷与不足
机会（Opportunities）	外部环境变化趋势中对企业营销有吸引力的、积极的、正面的影响因素
威胁（Threats）	外部环境变化趋势中对企业营销不利的、负面的影响因素

四个分析要素，可以分为两类：其一，内因要素。优势和劣势是从企业内部出发，审视自身与竞争对手的差异，以获取对企业全面清晰准确的认识。其二，外因要素。机会和威胁是立足于企业外部环境，审时度势，挖掘市场机会，应对市场威胁，充分利用外部环境为企业谋求发展。

一般来说，运用SWOT分析法研究企业营销决策时，强调的是寻找四个要素中与企业营销决策密切相关的主要因素，并不是要面面俱到地把所有关于企业内部优势和劣势、外部机会和威胁的内容全部列出（见图1-2）。

内部优势（S）	内部劣势（W）	
SO战略 利用自身优势抓住市场机会	WO战略 利用外部机会规避自身劣势	外部机会（O）
ST战略 利用自身优势减缓外部威胁	WT战略 改善自身劣势减缓外部威胁	外部威胁（T）

图1-2 SWOT分析四大战略

二、运用SWOT分析法进行出版环境分析的要点

出版企业的核心业务是生产好的出版产品并将其推向市场。一个出版选题，能否得到立项，很大程度上取决于它能否在市场有好的销量。营销

计划是选题策划报告中的一个重要组成部分。而营销计划制定的前提，就是对出版选题的市场营销环境进行深入调研和分析。此部分将主要以图书为例，解析运用SWOT分析法对一本书的出版市场营销环境做出分析的基本思路和具体方法。

在SWOT分析法的基本框架下，我们首先要明确对一本书的出版营销环境做分析，就是要寻找这本书的优势和劣势、机会和威胁。我们从这本书赖以生存的外部环境去发现机会和威胁，也要从这本书与同类书的比较中去寻找优势和劣势，从而对其形成较为合理的市场定位。

(一) 图书的宏观营销环境分析——寻找机会和威胁

进行图书的宏观营销环境分析，具体步骤总结如下。

第一步：明确图书的类别。宏观营销环境的分析对象包括人口环境、经济环境、自然环境、科学技术环境、政治法律环境和社会文化环境。通常，如果对整个出版业发展的宏观环境进行分析，这些分析对象都应纳入其中。但如果是就某一本图书的宏观营销环境做分析，就没有必要面面俱到，而是应找出影响这本书所属的那一类图书市场走向的几个环境要素做重点分析。图书类别通常包括主题出版、文学、艺术、人文社科、科技、经济管理、教育、少儿、生活等。

第二步：分析此类图书当前的市场行情以及未来的市场发展趋势。例如，如果要对一本少儿类AR图书做宏观营销环境的分析，人口环境、科学技术环境和社会文化环境的分析就应成为重点。分析要点见表1-3。

表1-3 图书宏观环境分析示例

人口环境	科学技术和社会文化环境
庞大的人口基数（人口数量）	AR技术在实现互动参与式阅读体验方面的优势和潜力
单独二胎政策出台、三胎政策全面开放、相对稳定的人口出生率（人口数量）	AR技术在图书制作中的广泛应用

续表

人口环境	科学技术和社会文化环境
城镇化人口的增加（人口分布）	AR产品在社会中的接受认可程度
基础教育普及率和平均受教育水平的不断提升（人口结构）	AR技术广阔的社会发展前景

需要强调的是，针对外部环境所列举的分析要点，有利于图书市场营销的就是机会，不利于图书市场营销的就是威胁，通常机会和威胁是并存的。比如，AR产品在社会中的接受认可程度，尤其是AR图书产品在读者中的接受认可程度还并不算太高，显然这一点就应归入外部环境的威胁部分。

第三步：明确图书的主题，分析和这一主题相关的宏观环境要素。图书的主题，就是图书内容所涉及的某个领域的某个话题。宏观营销环境中的哪些要素和这个领域里的这个话题密切相关，我们就应提取出来进行重点分析，并判断由此将会给图书销售带来的影响。

我们主要通过新闻资讯获取某个行业或某个领域的动态信息，其中政治法律环境中所包含的政策变动因素的影响尤为突出，值得重点关注。有时一则新闻或是某个热点，正是编辑选题策划的最初来源。那么，在营销策划方案的营销环境分析中，围绕这条新闻信息进行该书市场价值的论证是必不可少的。例如，仍以上面提到的少儿类AR图书为例，在不同的预设主题下，宏观环境分析中可以对应不同的新闻背景以强调其市场前景（见表1-4）。

表1-4 宏观环境分析与新闻背景相结合

主题	新闻背景
太空主题	2020年中国首次火星探测任务提上日程，走进"空间站"时代。2020年开始建设长期有人照料的近地载人空间站
5G科普	2019年，中国正式启动5G商用，2020年底力争实现全国所有地级市覆盖5G网络
故宫	2020年是紫禁城建成600周年。故宫博物院推出"丹宸永固——紫禁城建成六百年"大展
丝绸之路	"一带一路"是中国提出的国家级顶层合作倡议

第四步：通过梳理以上分析，总结在宏观营销环境方面此类图书所面临的机会和威胁。

至此，我们可以对前三个步骤中所描述的内容进行提炼和总结，由此完成宏观营销环境中机会（O）和威胁（T）两大要素的梳理。例如，针对一本以"太空探索"为主题的少儿类 AR 图书进行宏观营销环境分析，结合以上素材，对它在市场上面临的机会和威胁可做如下梳理（见表1-5）。

表1-5 宏观营销环境分析机会和威胁要素的总结

机会（Opportunities）	威胁（Threats）
人口：我国少儿出版最大的红利	新冠肺炎疫情防控常态化背景下，图书消费受到一定程度影响
单独二胎政策和三胎政策全面开放：保证受众的持续增长，少儿图书板块底盘稳固，且未来仍将保持稳定增长	
AR 技术：在实现互动参与式阅读体验方面具有优势和潜力	AR 图书产品在受众中的接受认可程度尚处于较低水平
时代热点：2020年中国首次火星探测任务提上日程，走进"空间站"时代。"太空探索"是全民关注的话题	太空探索的话题，比较小众，受众认知有限，兴趣热度有限

（二）图书的微观营销环境分析——寻找优势和劣势

进行图书的微观营销环境分析，具体步骤梳理如下。

第一步：进行图书出版企业的内部环境分析，并与竞争企业做比较分析，寻找优势和劣势。这里所说的"竞争企业"，指的主要是此类书市场份额较大的品牌企业。通过对比可以进一步明确在竞争中本企业的营销优势和不足。

第二步：进行此书的供应商分析。包括原材料供应商、作者、印刷供应商、物流供应商、仓储供应商以及书刊号供应商，等等。

第三步：同类替代品的比较分析。

第四步：总结此书的优势（Strengths）和劣势（Weaknesses）。

其中，关于竞争企业和同类替代品的比较分析是这部分的重点内容。一本书在市场中的销售，最直接的竞争对手就是同类替代品。同类替代品调研是选题策划的前提，好的选题一定诞生于充分的市场调研基础之上。那么，这个"同类替代品"怎么界定呢？对它的理解直接决定着我们比较分析的对象。在寻找同类替代品时，就如同剥洋葱，从最外层开始着手一直深入内核。这个过程中，同类替代品按照竞争程度的不同，可以划分为三大类（见表1-6）。

表1-6 同类替代品的三个分析层次

分析层次	分析对象（同类替代品）	判断标准
第一层	间接竞争者	市面上与出版图书大类相同的畅销书
第二层	直接竞争者	内容同类的替代品
第三层	核心竞争者	内容和形式都类似的替代品

假如，某出版社计划推出《闲情逸趣：古人的休闲时光》一书。此书定位是一本面向大众的文化休闲类知识普及读物，图文结合，聚焦古人日常生活中的休闲时光，重点关注古人的游戏娱乐消遣项目，让读者沉浸于古人愉悦的休闲时光的同时也能了解古代民俗文化，启发读者放下手机重新探索现实生活中的乐趣。

这本书的同类替代品有哪些？按照上表提供的思路，具体分析如下：

第一层，间接竞争者分析。分析同一时期市场上文化休闲类知识普及读物中的畅销书，这是本书较外围的间接竞争者。当读者有文化休闲阅读的需求时，市面上此类畅销书必然会在第一时间吸引他们的关注。文化休闲是个很宽泛的概念，服饰、旅游、家居、烘焙、诗词、历史等为主题的畅销书，都可以成为不同兴趣读者的不同选择。例如，《图说天下·国家地理系列》《小家，越住越大》《茶道，从喝茶到懂茶》等不同文化休闲领域的畅销书，都可视为本书的间接竞争对象。把它们纳入替代品行列，能够让我们意识到在营销中需要提升大众对古人休闲生活的关注度，唤醒人们这方面的阅读兴趣。这正是分析这类间接竞争对象的意义所在。

第二层，直接竞争者分析。指的是内容同类的替代品。内容同类，具体到这本书来说，就是以"古人生活"为主题内容的出版产品。它可以是轻松休闲的大众读物，也可以是专业权威的学术读物。前者有《唐朝穿越指南》《宋代市民日常生活》《古代人的日常生活》等图书，有些分朝代介绍不同历史时期的民风民俗，有些则囊括古人的生活、饮食、文化、情感、社会等不同话题。后者如许嘉璐先生所著《中国古代衣食住行》一书，用通俗易懂的语言对古代文献中常见的古人的服装与配饰、饮食和器皿、宫室和起居及车马和交通等生活中的方方面面做了全面且权威的讲解。通过直接竞争者分析，很容易发现，本书的内容优势在于切入点更小，不求衣食住行面面俱到，而是聚焦于古人的娱乐休闲生活，对不同的娱乐消遣项目展开详细介绍，目的是使之在当下日常生活中得到应用和推广，丰富大众的娱乐生活，引导大众放下手机寻找现实生活中的闲情逸趣。

第三层，核心竞争者分析。指的是除内容同类之外，形式也同类的替代品，这是本书的头号竞争对象。既然从内容到形式都类似，要给读者一个怎样的购买理由，才会让他们选择这一本而不是那一本呢？因此，要通过与竞争对象的对比，在策划中凸显这本书内容上或形式上的优势，找准卖点，塑造它和竞品的差异，用以满足读者的不同需求。例如，市面上有一套名为《古人这么活》的三册套装书，定位为"古人生活百科指南"，集合精美插图和漫画，从娱乐、美食、佳人俗谈三个方面趣谈古人生活秘诀。系列第一册《古人这么活（1）娱乐篇》内容正是聚焦古人的娱乐生活，从乐曲、舞蹈、百戏、游戏、戏曲和节日等方面讲述古人如何玩乐。其宣传文案中写道："N种娱乐节目，让你知道没有Wi-Fi和手机的年代依旧可以玩转日夜"。这本书在形式上也是图文结合，用搞笑漫画解读古人八卦故事，用精美插图还原古人娱乐场景。由此可见，《古人这么活（1）娱乐篇》与《闲情逸趣：古人的休闲时光》这本书从内容到形式的设想高度重合。如果只是书名有区别，没有创新的内容和显著的卖点，那后者只能算市场中的跟风之作，毫无特色可言，读者为什么会购买？因此，我们可以再做进一步设想。

通过对核心竞争者进行深入分析，找到它的不足，这些不足正是这本新书可以创造和发挥之处，是其亮点和卖点的来源。至此，同类书分析进入到最有价值的关键阶段。《古人这么活（1）娱乐篇》的特点可做如下梳理（见表1-7）。

表1-7 《古人这么活（1）娱乐篇》的特点梳理

亮点	内容全面。涉及乐曲、舞蹈、百戏、游戏、戏曲和节日等六个单元。对戏曲的角色行当、乐曲的各类乐器、舞蹈在不同场所的表现形式等知识进行普及，的确是"百科指南"
	形式新颖。用漫画、插图的方式和通俗易懂的语言讲述古人娱乐生活，能吸引读者阅读兴趣
缺点	文字内容量少，浅显，专业性欠缺
	插图质量参差不齐，整体呈现效果受影响
	封面设计略显杂乱，质感不突出
	纸张手感不错但是反光，影响读者阅读体验，且提升了成本
	定价高。读者购买后普遍觉得"不值这个价"

至此，通过微观营销环境分析，我们可以总结出《闲情逸趣：古人的休闲时光》一书的优势（S）和劣势（W）（见表1-8）。

表1-8 《闲情逸趣：古人的休闲时光》的优势和劣势

优势（Strengths）	劣势（Weaknesses）
题材新颖，内容独具特色	内容视角比较单一
具备一定专业性	引导读者关注此话题难度较高
插图质量有保证，且风格一致	读者购买理由仍不充分
价格适中	形式上的创新有限

说明：此表仅列举同类书分析结果。此书为虚构产品，出版企业不明确，因此关于微观环境中的竞争企业和供应商要素此处略过。

要想了解出版市场，对它的分析取决于研究对象是整个出版行业，还是出版业生产链条上的某个环节、某个类别图书的发展前景，或是某一个具体出版产品面临的市场竞争等。但是，无论是做哪个层面的出版市场营销环境分析，本章所讲的这些基本分析要点和方法都同样适用。此外，还有颇为关键的一点，就是市场调查必不可少。而关于市场调查的重要性，以及如何进行市场调查，此处就不再赘述了。

第二讲　出版市场细分和定位

 导入材料

　　林青霞,知名电影演员,祖籍山东莱阳,1954年11月3日出生于台北。她拍过一百多部电影,角色从青春玉女到江湖女侠,是港台电影界公认能横跨文艺、武侠两种不同类型风格且走红时间最长的女明星,凭借《滚滚红尘》获得台湾电影金马奖女主角奖。1992年,以《笑傲江湖Ⅱ:东方不败》再攀事业高峰。2011年7月,林青霞以"作家"身份推出散文处女作《窗里窗外》,将她所写的46篇散文结集出版,并配有大量精美珍贵的照片。数据显示,此书头两个月市场销量达10万册。它的成功与广西师范大学出版社理想国(以下简称"理想国")品牌的创始人刘瑞琳密不可分。

　　"与其说《窗里窗外》的成功是一个好的选题策划、编辑策划,不如说它是一个富有激情和想象力的、大胆的营销策划。"❶ 生活·读书·新知三联书店(以下简称"三联书店")前总编辑李昕如此评价。他在自己的《做书》一书中,专门讲述了理想国拿到这本书版权的经过。

　　这本书一开始的打算是在大陆由三联书店来出版。但因为双方在对市场的预期和报价上未能达成一致,合作落空。林青霞一方对大陆版报价的期望是8万册首印,但三联书店只报了5万册首印,定价50元。于是,此书开始进行招标。不少出版社参与进来,中华书局报了6万册首印,定价

---

　　❶ 李昕著:《做书——感悟与理念》,第111页,北京,商务印书馆,2015年版。

也是 50 元左右。但是，理想国在所有竞争者中出其不意地报了 16 万册首印，定价 78 元。于是，《窗里窗外》一书的版权毫无悬念地签给了理想国。

三联书店和理想国，都是业内颇有影响力和口碑的品牌出版机构，它们对同一本书的报价差距为何会这么大呢？报价取决于哪些因素呢？据李昕总编辑介绍，三联书店在报价前进行过充分调研和讨论。三联书店的发行部将作品的一部分排版样张电邮给当当、京东和亚马逊，试图获取它们的销售量评估。这三家电商平台的回应是消极的，报订总数才 1 万册。他们认为网上买书的主力群体是 40 岁以下的年轻人，而他们看过林青霞电影的少之又少，因此对这本书的销量并不看好。三联书店按经验估算，网络销售 1 万册，那整体销售也不过三四万册，所以最终给出 5 万册的首印量。可见，三联书店与电商的看法一致，认为这本书的目标读者就是当时在书店里或活跃于网络上的年轻人。对目标读者群体的预判极大程度上影响着报价决定。

那么，刘瑞琳对《窗里窗外》的目标读者有着怎样不一样的预判，才让她有魄力喊出 16 万册的首印量？原来，刘瑞琳眼前的读者画像全然不同于三联书店，她认为这本书的目标读者并不应该是书店里的那些读者，而是另外一群人——林青霞的铁杆粉丝。林青霞当年红极一时，势不可当，积累了大批崇拜者和追随者。这些粉丝是一个庞大的群体，多出生于 20 世纪五六十年代，岁月逝去，年岁渐长，喜欢怀旧，忠诚度高，对喜欢的东西价格敏感度不高。基于这样的目标读者分析，刘瑞琳采取了"高定价，低折扣"的销售策略，定价改为 88 元，但对销售商一律按五折发货，极大调动了电商平台和实体书店进货的积极性，也最终促成这本书的畅销局面。2014 年，理想国又推出《窗里窗外》32 开本的布面精装版。❶

从拿到《窗里窗外》一书的版权，到这本书上市后的营销推广，理想国能够大获全胜的最关键原因就在于它准确进行了图书的消费者市场细

---

❶ 案例参见李昕著：《做书——感悟与理念》，第 109-111 页，北京，商务印书馆，2015 年版。

分，并准确预判出本书的目标读者，精准分析目标读者的兴趣喜好和消费特征，并据此制定出正确的市场营销策略。由此可见，能否准确把握出版市场中的消费者，能否对消费者的市场细分和定位做出正确的判断，很大程度上决定着一次出版活动各个环节的成功概率。因此，本讲聚焦"出版市场细分和定位"这一命题。

 学习内容

本讲主题是"出版市场细分和定位"。通过学习，你将了解出版消费者需求的类型和特征、消费者购买行为的类型，掌握影响出版消费者购买行为的因素和消费者的购买决策过程，以及如何进行出版产品的市场细分和定位。具体包括：

※ 出版市场细分

※ 出版目标市场的选择

※ 出版目标市场的定位

消费者的需求各不相同，出版企业的资源却相对有限。面对激烈的市场竞争，出版企业凭其有限的资源无法满足消费者的所有需求。因此，每个出版企业都必须结合自身资源优势，找到属于它的那一群消费者作为目标市场，为其提供适销对路的出版产品。这就是现代市场营销的一个重要战略——目标市场营销。目标市场营销分为三个步骤，即出版市场细分、出版目标市场的选择、出版目标市场的定位（见图2-1）。本讲将在这一理论框架下展开讨论。

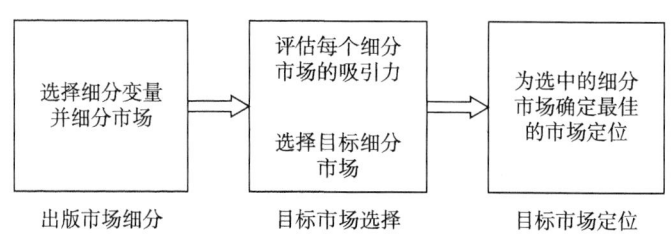

图2-1 目标市场营销的步骤

第一节 出版市场细分

一、出版市场细分的含义和标准

(一) 出版市场细分的含义

从经济学角度讲，市场是商品买卖的场所，是商品交换关系的总和。交换关系决定了买卖双方在市场中的地位，从而形成买方市场和卖方市场。

从市场营销学角度看，市场是由那些具有特定的需要或欲望，而且愿意并能够通过交换来满足这种需要或欲望的现实和潜在顾客所组成。也就是说，市场是所有现实和潜在的消费者集合。市场细分这个概念里的"市场"，指的正是"人"，是消费者。

"市场细分"是1956年由美国市场营销学家温德尔·斯密首先提出来的概念。它是指根据消费者的不同需求，把整体市场划分为不同的消费者群的市场分割过程。每个消费者群便是一个细分市场，每个细分市场都是由需要与欲望相同的消费者群组成。

出版市场细分，是指根据出版产品市场需求的多样化和读者购书行为的差异性，把整个市场划分为若干个具有某种相同或相似特征的子市场。每一个细分市场都是由具有类似需求倾向的消费者构成的群体。

近些年各出版机构对公版经典的开发进行得如火如荼。同中求异，进行差异化营销，成为在市场竞争中取胜的关键。出版机构依据读者对公版书不同的消费心理进行市场细分，识别与自身优势资源相吻合的读者群体，进行差异化的产品策划成为业内较普遍的经营方式。以读客和果麦为例。[1] 读客找到的是这样一群目标读者：他们对公版经典并没有刚性需求，对市面上已有的教材型和经典型的产品包装望而却步。于是，为激发或满足这个层次读者对公版经典的阅读需求，读客将公版经典通俗化和娱乐化，并用其一以贯之的"图书快消品"理念进行营销推广。最具代表性的就是"三个圈"系列（见图2-2）。读客创始人之一华杉喊出一句口号："世界文学经典，认准读客三个圈"。

图2-2 读客"三个圈"系列

果麦的目标读者则是另一个截然不同的细分市场。他们对公版经典有自主需求，崇尚高品质高格调，对待价格并不敏感。于是，果麦精准地对接了这一需求层次的读者群，"用最好的翻译"，将译文品质作为卖点，把他们的外版经典做得格调高雅，清新脱俗。虽然定价高，却也赢得了高忠诚度的具有高消费水平的读者群（见图2-3）。

---

[1] 案例参见陆漫琪：《〈浮生六记〉为什么火了？连出版方自己都搞不清楚》，微信公众号"做书"，2020-10-20。

图 2-3　果麦的公版经典图书

从图书封面直观视觉效果上可见，读客通过高辨识度的符号、鲜艳的色彩和大字号的醒目书名传递图书的通俗和娱乐属性，而果麦通过素雅的色彩、有意境的图画和简洁的布局传递图书的品质与内涵。尽管两种表达方式对比强烈，但它们为迎合其预设目标读者的审美喜好而进行独特设计的初衷却是一致的。出版市场细分的重要性和必要性由此可见一斑。

即便是同一个出版产品，在营销中也应该具有市场细分意识，在面对不同的目标市场进行销售时，需要区别对待，根据市场特点制定营销计划。例如，一份名为 Street & Smith Baseball 的美国杂志销往全美 14 个地区，在不同地区使用的是不同的封面，封面人物都是当地的一位棒球明星。哈利·波特系列的七本书能在全世界取得惊人的销量，不仅在于小说所创造的迷人的魔法世界，还在于出版商针对世界各地的儿童、青少年和成人读者开展有针对性的创造性营销。❶

(二) 出版市场细分的标准

对出版市场中的消费者进行细分，营销人员主要依据的细分变量有四种，分别是地理变量、人口变量、心理变量和行为变量。其中，地理、人

---

❶　[美] 罗杰·A. 凯林、史蒂文·W. 哈特利、威廉·鲁迪里尔斯著，董伊人、史有春、何健译：《市场营销》（第 9 版），第 191 页，北京，世界图文出版公司，2012 年版。

口和心理变量是有关消费者基本特征的要素,而行为变量是消费者在参与市场交易过程中对产品使用、效益、品牌等方面的反应特征(见表2-1)。

表 2-1　出版市场的主要细分变量

细分变量	主要变量列举
地理变量	地区、人口密度、气候、经济分布等
人口变量	年龄、性别、收入、职业、教育程度、宗教、家庭生命周期等
心理变量	生活方式、个性、社会等级
行为变量	购买时机、利益偏好、使用者、使用频率、购买倾向、品牌忠诚

以下将对出版市场中的消费者行为做重点讲解,对出版消费者的购买行为进行调研,是选题策划前期市场调研中的一个重要环节。只有掌握了消费者产生购买行为的"通关密码",才能策划出满足消费者阅读需求的选题,并针对细分市场的行为特征展开精准营销。出版消费者是指购买、租赁、阅读和使用出版产品的单位和个人,它是形成出版市场的最基本因素。其类型包括个人消费者市场、发行商市场和非营利组织。讲解将主要侧重于个人消费者市场,从两个方面展开:一是影响消费者购买行为的因素,二是消费者购买决策的过程。对于营销者来说,这两个方面是消费者的"黑箱",用眼睛是看不见的,但恰恰又是它们决定着消费者最终是否会去购买某一种出版产品。

二、出版消费者行为分析

(一) 影响出版消费者购买行为的因素

毫无疑问,经济收入水平是影响出版消费者购买行为的基本因素之一。不同收入水平的消费者购买决策行为也会有所不同。但是,同一收入水平的消费者,其消费行为仍会存在很大差异。原因在于一些非经济因素对消费者购买行为同样产生了重要影响。出版消费者的购买行为是多种因素共同作用的结果,包括社会因素、文化因素、个人因素和心理因素。其中,社会因素和文化因素属于外部因素,个人因素和心理因素属于内部因素(见图2-4)。

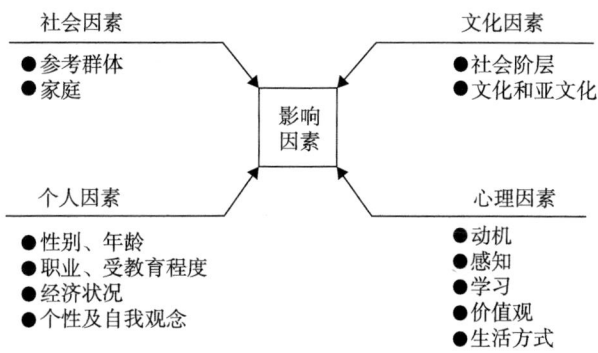

图 2-4　影响出版消费者购买行为的因素

1. 社会因素

（1）参考群体。

参考群体是直接或间接影响出版消费者的态度和购买行为的社会群体。通常可分为三类：成员资格型参考群体、接触型参考群体和向往型参考群体。

成员资格型参考群体，指消费者所参加的职业协会、工会等社会团体或行业组织，这些群体对消费者的购买行为产生间接影响。但消费者能参加的群体数量毕竟有限，能接触到各类群体的机会却很多。因此，像家庭成员、亲朋好友、同窗同事等接触型参考群体对消费者的购买行为也会产生重要影响。由此可以理解，我们经常因为听到朋友说某本书很好而去购买。口碑传播非常重要。

向往型参考群体，指的是那些与消费者没有任何联系，但对消费者又有很大吸引力和影响力的群体，如社会名流、影视明星等。因此，出版企业常会在宣传推广中邀请目标读者所喜欢的名人做代言，也就是寻找关键意见领袖（Key Opinion Leader，KOL），利用他们的号召力和影响力带动出版产品的销售。中信出版社为推广时尚集团前总裁苏芒的新书《为热爱而活》，邀请明星杨幂和作者一起做线上新书发布直播，1小时内在线观众达 150 万人。2019 年麦家新作《人生海海》新书发布会邀请董卿、高晓松、白百何、杨祐宁和何穗等众多名人为其捧场。该书上市不满一周年时销量就已突破 100 万册。

(2) 家庭。

家庭是最重要最基本的消费单位,对出版消费者的购买行为产生潜移默化的影响。其影响体现在以下三个方面:

其一,家庭的文化氛围。

出版产品消费是一种精神文化消费。有良好文化氛围的家庭对出版产品的需求更加强烈,其家庭成员也会受到潜移默化的熏陶和影响,对出版产品的消费需求必然也会更高。

其二,家庭生命周期。

家庭生命周期概念描述了家庭从组建到退出的不同阶段,每一阶段都伴随着特定的购买行为(见图2-5)。

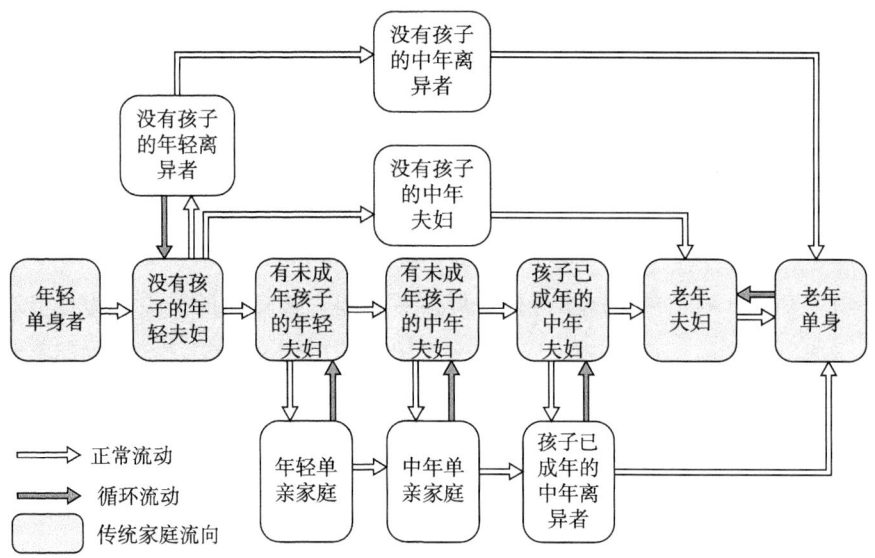

图2-5 现代家庭生命周期阶段及流动❶

消费者处于家庭生命周期的不同阶段,他们对于出版产品的需求不同,表现出来的购买行为自然也有所不同。比如,没有孩子的年轻夫妇会将注意力放在自身需求上,文学、旅游、金融等类别的图书是他们消费的

---

❶ [美]罗杰·A.凯林、史蒂文·W.哈特利、威廉·鲁迪里尔斯著,董伊人、史有春、何健译:《市场营销》(第9版),第112页,北京,世界图文出版公司,2012年版。

重点；但有未成年孩子的夫妇，则将注意力转向孩子的学习和成长，为孩子购买阅读产品成为精神产品支出中非常重要的一部分。

其三，家庭购买决策方式。

不同家庭的购买决策方式不同，主要有单方支配型和共同决策型两种决策类型。共同决策型指决策由夫妻双方共同商议决定，而单方支配型指某些购买决策由丈夫或妻子单方面做出决定。通常，同一个家庭中对不同类型的消费品会采取不同的购买决策方式。因此，一个家庭中的出版产品一般由谁做出购买决策，也是营销人员市场调研的目标之一。

2. 文化因素

（1）社会阶层。

社会阶层是社会中具有相对同质性和持久性的群体。人们因经济条件、受教育程度、职业类型以及社交范围等方面的差异而形成不同的社会群体，并因社会地位的不同而形成明显的等级差别。一般来说，同一社会阶层成员具有相似的价值观、兴趣爱好、生活方式和购买行为。不同社会阶层对出版产品的需求存在显著差异。

（2）文化和亚文化。

文化是指某一群体成员习得并共享的一系列价值观、信念和态度。从属于某一大群体文化或国家文化、具有其独特价值观、观念与态度的较小群体文化被称为亚文化。1950年，美国在第二次世界大战之后婴儿潮和青年文化崛起的时代背景下，美国学者大卫·雷斯曼（David Riesman）首次提出亚文化的概念。他认为，如果说大众文化是消极地接受了商业所给予的风格和价值的话，那么亚文化则是积极地寻求一种小众的风格。

亚文化实际上指的是种种非大众、非主流、非普适性的文化，它具有其独特的话语体系、审美体系乃至价值体系。一个人的成长，无时无刻不受环境的影响，而文化环境对其精神文化需求的影响至关重要，导致他对出版产品的偏好和选择也必然打下文化环境的烙印。因此，当前不同亚文化群体的阅读需求也成为出版机构进行选题策划的重要依据和来源。例如，古风文化，它是中国独有的亚文化类型，以古风音乐和汉服为核心层，外延至网络文学、网络游戏、影视作品等领域，以青年为主要人群的网络青年亚文化现象。于是，市场上针对这一细分读者群体的古风漫画、古风手绘、古风美妆、古风文学、古风杂志等出版产品应时而生，为出版市场增添一抹独特的文化色彩。

3. 个人因素

在相同的社会文化背景下，出版消费者的购买行为仍然体现出巨大的差异。因为除了社会和文化等外部因素的影响，出版消费者的个人因素对其购买行为起着更为直接的作用。个人因素包括消费者的性别、年龄、受教育程度、职业、个性和自我概念等。人的个性特点往往通过人的自我概念表现出来，即人如何看待自己以及认为别人如何看待自己。营销人员应认识到，人既有现实自我概念，也有理想自我概念。现实自我指人怎样真实地看待自己，理想自我则是指人喜欢别人怎样看待自己。正如巴诺书店的一位主管所总结的："人们购买书籍是为了体现自己的品位、修养和时尚度。"出版产品在某种程度上也是人们实现自我概念的一种载体和表达方式。

4. 心理因素

消费者每个人的心理各不相同。心理学可以帮助营销者理解消费者为何以及怎样进行购买。影响出版消费者购买行为的心理因素主要包括动机、感知、学习、价值观、信念与态度以及生活方式等。

（1）动机。

动机是刺激行为产生从而满足需要的驱动力，是购买行为的原动力。根据美国心理学家马斯洛的需要层次理论，人的需要从低层到高层分为生理需要、安全需要、社交需要、尊重需要和自我实现需要五个层次。对出版产品的需要属于精神层面，应归属需求的后三个层次。为满足后三个层次的需要，消费者会在各种动机的刺激下购买出版产品。这些动机主要有求知、求廉、求新、求实、求美、求便、传统、时尚、娱乐、标榜、炫耀等心理。比如，通常情况下，购买《统计学习方法》一书的动机在于求知——随着人工智能和大数据在社会各行各业的广泛应用，相关从业人员需要掌握统计学习的主要方法；购买《时尚芭莎》杂志的动机在于对时尚和娱乐的追随。有些读者恰是因为一本书的整体设计非常符合自己的审美感觉就决定下单购买，毫无疑问这是求美心理在作祟。

（2）感知。

感知在消费者行为里扮演重要角色。感知，又称为认知，是人选择、组织和解释信息以形成有意义的世界图像的过程。感知具有选择性。同一出版产品会历经消费者的选择性注意、选择性理解和选择性记忆三个不同阶段的感知过程。

选择性注意，指人只关注那些与自己的态度和观念相一致的信息，而忽略不一致的信息。特别是当人有某种特定需要时，更容易出现选择性注意。比如，当你有旅游度假的打算时，你会比平时更容易"看到"地铁灯箱上的旅游广告信息。这一点给营销者的启示在于：当出版产品的推广信息投放给对此类产品正好有需求的消费者时，它才会获得更多的关注。

选择性理解，指人们更善于从符合自己态度和观念的角度理解信息。出版产品的传播归根结底还是信息内容的传播。出版企业作为向读者传递信息的一方，要努力防止或减少读者对信息的曲解，并尽可能使信息被多数人正确理解和接受。就拿一本书的书名来说，它要与主题内容相吻合，同时可利用"选择性理解"所揭示的认知规律使读者第一时间就能准确把握图书内容。仅看书名就买下一本书的情况时有发生，但常遭人吐槽名不副实，内容和书名相距甚远。这种情况如果不是主观上想通过"独特的书名"制造噱头吸引读者关注，那就只能说是编辑对读者"选择性理解"的感知规律理解不够充分。

选择性记忆，指人们会有选择地筛选并记忆那些与自己固有观念和兴趣爱好相符的信息，而把其余内容从自己的记忆中排除，从而满足自己的需要，达到心理平衡。出版产品在激烈的市场竞争中能被消费者"选择性记忆"是产生购买的前提。当他需要一本汉语词典时，首先想到的是"商务印书馆"，表面上是品牌影响力的结果，而归根结底是消费者脑海中对商务印书馆擅长做工具书这一信息的深刻记忆。

(3) 学习。

很多消费者行为是从学习中习得的。学习指人们在购买和使用出版产品的过程中逐步积累经验，并通过经验改变其信念、态度和行为的过程，包括行为学习、认知学习和品牌忠诚。

行为学习是指消费者处于曾经重复经历的情景下所产生的自动反应过程。认知学习指消费者从思考、推理和心智问题解决等非直接体验中进行学习。在营销推广中，出版企业将自家品牌与消费者某种需求联系起来，通过媒体进行宣传，促使消费者形成"有这种需求时就选这个品牌的产品"的认知，由此逐渐形成某种购买习惯，最好的结果便是建立品牌忠诚，形成对这一品牌的偏好并能持续购买。例如，"译文纪实"是上海译文出版社 2013 年正式成立的品牌，出版非虚构类纪实文学作品。从起初"外国记者记录中国"系列，到环保题材纪实作品，再到反映日本社会的纪实文学，"译文纪实"始终致力于通过引进国外优秀的非虚构作品，带领读者阅读故事，进入真实。在读者的认知经验中，想要读国外优秀的非虚构作品，一定是找译文纪实，说明读者对这个品牌的忠诚度是很高的。

(4) 价值观和生活方式。

生活方式是一种生活模式，是关于人们如何支配时间和资源，认为生活中哪些是重要的，以及如何看待自身和周围的世界。生活方式分析在确定产品及其服务的目标市场的过程中非常有价值。VALS（Value & Lifestyles，价值观和生活方式系统）是由美国斯坦福咨询研究所（SRI）创立的一套通过观察理解人们生存状态进行市场细分的方法。在调研中，受访者需回答 4 个人文统计问题和 35 个态度问题，提问主要围绕受访者购买和使用产品的主要动机和受访者拥有的资源展开，VALS 系统据此将消费者细分市场分为八种类型，分别是：创新者、思考者、信任者、成就者、奋斗者、体验者、劳动者和生存者。不同类型的消费者媒介信息接触习惯具有差异性。创新者、思考者和成就者更喜欢阅读商业或新闻类杂志，奋斗者喜欢访问网上聊天室，体验者爱好运动杂志，劳动者则偏好汽车杂志，

而信任者是《读者文摘》的最重要读者群。❶

(二) 出版消费者的购买决策过程

出版消费者做出购买决策，是由一系列相关联的活动构成的。对出版消费者的购买决策过程分阶段进行解析，有助于出版营销人员依据消费者不同阶段的购买心理和行为采取更加具有针对性的营销策略。通常来说，出版消费者的购买决策过程分为五个阶段（见图2-6）。

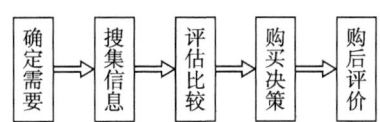

图2-6 出版消费者的购买决策过程

1. 确定需要

确定需要是出版消费者购买决策过程的第一步。消费者由于受到内部或外部的刺激，感觉到某种资源的匮乏，需要并准备购买相应出版产品以弥补这种匮乏状态。例如，准备参加托福考试的学生需要购买托福考试复习用书，上班族在忙碌工作之余需要看一本休闲小说调剂身心。

这一阶段对于营销人员的启示：要明确出版产品能够满足消费者的何种需求，并在营销中突出出版产品的这一效用，以便于有这种需求的消费者更快地获取能满足其需求的出版产品的信息。例如，酷跑一族时下成为一道亮丽风景线。当你也想选择"跑步"作为日常运动健身的一种方式，但又苦恼于不懂正确的跑步方法而不敢轻易开始尝试时，求助于相关的专业书籍是一个不错的选择。《跑步治愈》一书在宣传文案中将此书定位为"亲身体验的跑步圣经"，突出实践性和专业性，广告语"跑步燃烧卡路里，治愈所有不开心"则突出跑步的治愈功能。强调本书不同于西方人的《跑步圣经》（另一本同类主题的畅销书），充分考虑中国人的体质及不同

---

❶ [美] 罗杰·A. 凯林、史蒂文·W. 哈特利、威廉·鲁迪里尔斯著，董伊人、史有春、何健译：《市场营销》（第9版），第109页，北京，世界图文出版公司，2012年版。

类型跑者的跑步需求，打造一套科学的跑步方法，是专为中国人编写的跑步圣经。这样的产品介绍，突出了产品怎样满足中国人的跑步需求，并进一步挖掘消费者"通过跑步治愈不开心"的潜在欲望，使其成为消费者首选。

2. 搜集信息

确定需要之后，消费者便会通过各种渠道搜集信息，寻找能够满足自己需要的出版产品。消费者一方面会根据自己的购买和使用经验筛选信息，可称为内部搜寻。另一方面还会进行外部搜寻，渠道通常有以下三种：（1）个人来源，如消费者信任的亲朋好友；（2）公共来源，如媒体报道、书评、网络论坛、讲座等；（3）商业来源，如广告、各类书展、出版销售人员、书店展销等。

这一阶段对于营销人员的启示：营销人员应通过消费者的各种信息接触渠道进行出版产品的宣传，形成立体化的整合营销传播网络，提升出版产品被消费者搜索到的概率和频次。

3. 评估比较

出版消费者在充分收集了各种相关出版产品信息后，就会进入评估比较阶段。由于影响每个消费者最终是否购买的因素各不相同，他们会自有一套评估标准。比如，有些消费者更加看重产品的价格，有些消费者会偏重产品的品质。评估比较的过程主要包括两个层面：一方面是消费者将收集整理的出版产品信息与其评估标准做出比较，选择出符合其标准并在最大限度上满足其需要的出版产品。另一方面，评估比较也包括消费者对都能满足其需要的同类同质出版产品的比较，选择并购买他认为更加合适的产品。

这一阶段对于营销人员的启示：出版产品在策划中一定要思考如何突出其自身特色，在与内容大致相同的同类品在同一个市场中竞争时这一点尤其重要。在营销推广中，也要注意突出独特性，强调其与众不同之处。这样才有可能在消费者的比较甄别中脱颖而出，成为最终被购买对象。

4. 购买决策

一般来说，在搜集信息和评估比较之后，消费者就可以做出自己的购买决策了。选好了想要的产品，现在买吗？此时，购买决策可能出现立即购买、延期购买和不购买三种情况。如果做出立即购买的决定，仍需要继续考虑在哪里购买和何时购买。有时即使已经进入购买阶段，一些外界因素也可能会影响消费者改变已有购买决策，如销售人员的服务态度、其他消费者的态度等。比如，一位读者走进书店本打算购买一本同事推荐的小说，但是她的购买行为仍有可能因为书店导购不友善的态度而终止，又或者仅仅因为刚走进书店就感觉太冷而匆忙离开导致购买行为的终止。因此，出版营销人员也是营销各环节的细节把控者，应从各方面消除或减弱消费者购买行动中的干扰因素。

5. 购后评价

购买并阅读出版产品以后，消费者会做出评价。购后评价取决于消费者对出版产品的预期和出版产品的使用实际效用的对比，一般表现为满意、基本满意和不满意。有些消费者的评价可能只是在脑海中一闪而过，而有些消费者可能会以网络留言、书评等方式在大众媒体上发表他们的购后评价。认真对待消费者的购后评价是出版企业营销活动中的重要环节。出版营销人员需要及时掌握各个渠道的评价反馈，特别是针对负面评价要及时处理应对，做好口碑管理工作。

第二节　出版目标市场的选择

完成出版市场细分，意味着依据一种或几种细分变量，一个整体的大市场可被划分成为若干个细分市场。企业在市场细分的基础上选定的适合自己经营的细分市场，称为目标市场。出版企业由于自身条件的制约，并不可能把所有的细分市场都作为要进入的目标市场，只能选择一个或几个最适合进入的细分市场作为目标市场。而在进行出版目标市场的选择之前,对各个出版细分市场进行评估必不可少。

一、出版细分市场的评估

对出版细分市场进行评估,通常要考察以下三个方面的评估指标。

指标1:出版细分市场的市场规模及其预期增长

出版细分市场的市场规模是判断其是否值得经营的一个重要因素。如果市场规模很小,企业很难获利并得到发展。但是,出版企业也应看到,尽管当前有些细分市场的规模较小,但是也许它正在快速增长或预期将来会快速增长。相反,有些细分市场当前市场规模很大,但是增长缓慢或预期会趋于萎缩。营销人员需要用发展的眼光对出版细分市场规模做出科学的分析和判断。

指标2:出版细分市场的竞争状况

当前或未来的细分市场中是否会有许多竞争?竞争越少,市场越有吸引力。一个细分市场即使有适度规模和良好发展前景,但如果市场竞争过于激烈,出版企业则必须慎重决策。根据美国迈克尔·波特教授的理论,影响一个市场长期内在利润吸引力的因素有五种,分别是细分市场内部竞争者、潜在竞争者、替代产品、购买者议价能力和供应商议价能力。出版企业可据此来分析是否具有在某一细分市场的竞争优势。

指标3:与出版企业的目标和资源的匹配状况

出版企业不应该追逐营销行动难以影响到的细分市场。如果进入某一细分市场的成本高出企业能够承受的范围,则应该考虑放弃。某些出版细分市场虽然有较大吸引力,但并不能推动企业实现其发展目标,甚至会分散企业的精力导致其无法完成主要目标,这样的市场也应果断放弃。此外,还要考虑企业的资源条件是否适合在某一细分市场的经营。出版企业只有选择那些有条件进入并能充分发挥资源优势的市场作为目标市场,才能在竞争中获胜。

三联书店前总编李昕先生在其《做书》一书中讲过一个三联书店的案

例,恰能说明企业的出版目标若与其资源不相匹配将遇到极大的市场挫折。2002年三联书店策划出版了一套《伟大的音乐·经典收藏》,共10本书,收录10位世界上最著名的音乐家的名曲,每本书附3张CD,都是从德国DG唱片公司引进的发烧级光盘。尽管宣传中强调这是中国最具权威性、经典性和普及性的CD,但是在市场上的销售情况并不好,十多年过去才销售了2500套。分析滞销原因,主要在于三联书店在音乐市场并不占优势,在音乐出版领域不具品牌效应,也缺乏推广销售的渠道。后来三联书店找人民音乐出版社帮忙。显然,人民音乐出版社在音乐书籍市场具有更大的资源优势。接手后情况大为改观,又制作了5000套且很快销售一空。❶

二、出版目标市场的选择

在对出版细分市场做出全面评估之后,企业要决定从若干个细分市场中选择一个或几个作为其进入和服务的目标市场。出版目标市场的选择过程,必须谨慎对待。如果所选择的细分市场过于狭窄,可能无法达到一定的销售量和维持经营所需的利润。而如果所选择的细分市场过于庞大,就有可能分散营销力量,导致营销成本的提升,甚至高于销售量和利润的增长,得不偿失。

通常,出版企业目标市场的选择有五种策略。为了更加通俗易懂地对五种选择策略进行阐释,我们用下面的市场结构矩阵图来分析(见图2-7)。

	少儿	青年	老年
教材	1	2	3
小说	4	5	6
保健	7	8	9

图2-7 市场结构矩阵

先对矩阵图做简要说明。图中的行(横向)变量代表不同的图书类

---

❶ 李昕著:《做书——感悟与理念》,第88页,北京,商务印书馆,2015年版。

型，即以消费者需求差异为变量的市场细分，在此以教材、小说、保健类图书作为代表；图中的列（纵向）变量代表不同的消费者类型，即以图书消费者类别差异为变量的市场细分，以年龄为要素分为少儿、青年、老年三类。以这两个变量为基础，将市场划分为九个不同的细分市场。五种不同的选择策略将导致目标市场的差异。

（一）集中性单一市场策略

集中性单一市场策略指的是出版企业主攻一个特定的细分市场，用某一类出版产品满足这一特定细分市场的需求。以图2-7为例，出版企业可根据自身资源优势，只选择1~9中的任何一个细分市场。比如，选择少儿保健类图书市场（区域7）（见图2-8）。

由于出版消费者相对于其他商品的消费者对产品的需求差异大得多，出版企业对这种选择策略运用较少。除非是出版企业规模有限，受资源限制只能以市场补缺者的身份进入。若运用这种策略，出版企业经营对象单一，可以集中火力在相应的细分市场获得较高市场占有率和收益，但同时由于目标市场过窄导致经营风险也很大。

	少儿	青年	老年
教材	1	2	3
小说	4	5	6
保健	7	8	9

图2-8　集中性单一市场策略

（二）产品专业化策略

产品专业化策略指的是出版企业采用单一产品类型服务于不同的消费群体。例如，出版企业可以选择专注于保健类图书，以满足少儿、青年、老年三类群体的需求，把7、8、9三个细分市场作为目标市场（见图2-9）。

	少儿	青年	老年
教材	1	2	3
小说	4	5	6
保健	7	8	9

图2-9　产品专业化策略

产品专业化策略使出版企业的产品分散在不同的细分市场，有利于减轻对单一读者群的过度依赖，分散经营风险；同时，图书类别相对集中，有利于提高单本销售量，提升竞争力。对于出版企业来说，若运用产品专业化策略，则要求其在某类图书的出版上具有很强的专业化优势，围绕这一优势深耕细作，满足不同细分市场的需求。比如，北京新曲线的心理学图书出版具有极大优势，围绕消费者对心理学的不同需求，出版《社会心理学》《爱情心理学》《健康心理学》《心理学与生活》《教育心理学》等各类心理学图书，在心理学图书市场牢牢占据一席之地。

（三）市场专业化策略

市场专业化策略指的是出版企业提供多元化产品用以满足同一类消费群体对不同类型出版产品的需求。例如，出版企业可以选择青年消费者作为目标市场，为他们提供教材、小说、保健等不同类型的图书，满足青年消费者的多种阅读需求。这样2、5、8三个细分市场就是企业的目标市场（见图2-10）。

	少儿	青年	老年
教材	1	2	3
小说	4	5	6
保健	7	8	9

图2-10　市场专业化策略

这一策略需要企业对某一类消费者细分市场有全面深入细致的研究，能够为他们打造"一站式阅读服务"。比如，读库的童书品牌"读小库"，目前旗下童书品种已累积到几百多种,主要以"书盒"的形式推出。读小库把童书产品按五个年龄段进行分类,依据不同年龄段的少儿读者的不同需求组合成书盒,每盒十本左右,为少儿读者在成长的不同阶段提供相对应的阅读服务。

(四) 有选择专业化策略

有选择专业化策略指的是出版企业有选择地进入几个出版细分市场。这些细分市场符合企业的目标和资源,能够使企业获得竞争优势。通常这样的出版企业以几类出版产品来满足不同消费群体的需求。例如,某家出版企业可以同时选择儿童教材市场、青年小说市场和老年保健书市场,即将图2-7中的1、5、9作为目标市场(见图2-11)。

	少儿	青年	老年
教材	1	2	3
小说	4	5	6
保健	7	8	9

图2-11 有选择专业化策略

多个细分市场的有选择专业化策略有利于企业分散经营风险,但同时也要求企业对不同类型产品线和消费者有更好的把握和协调能力。

(五) 全面覆盖市场策略

全面覆盖市场策略指的是出版企业为所有细分市场提供门类齐全的出版产品,以满足所有消费者的不同需求,即将图2-7中的九个细分市场都作为目标市场(见图2-12)。这是一种全面进入策略。通常只有大型出版集团才具备这种全覆盖能力。当前众多出版集团为了实现全面覆盖,采取整合各类出版优势资源并联盟的方式来进行运作。

	少儿	青年	老年
教材	1	2	3
小说	4	5	6
保健	7	8	9

图 2-12　全面覆盖市场策略

第三节　出版目标市场的定位

出版企业确定目标市场之后，就需要对目标市场进行定位。"定位"是 20 世纪 60 年代末 70 年代初出现于美国广告界的一股新思潮。一家小型广告公司的经营者艾·里斯（Al Ries）和杰克·特劳特（Jack Trout）于 1969 年 6 月发表名为《定位——同质化时代的竞争之道》的文章，首次使用"定位"的概念并描述其强大功能。"定位从产品开始，可以是一件商品、一项服务、一家公司、一个机构，甚至是一个人，也许就是你自己。"❶ 定位的目的就是在同质化竞争中突出自身的差异性，让你在潜在客户的心智中与众不同，从而使消费者形成深刻认知和记忆。

一、定位理论的核心要点

其一，定位不是围绕产品进行的，而是围绕潜在顾客的心智进行的❷。

传统思维认为，你要从你自身或你的产品中找到定位。但实际上，要想找到一个独特的位置，必须放弃这种传统思维，做到去潜在消费者的心智中寻找定位。七喜——美国的柠檬口味汽水品牌，正是运用"非可乐"定位法在市场上迅速崛起。此前，"可口可乐"和"百事可乐"在消费者

---

❶ ［美］艾·里斯、杰克·特劳特著，谢伟山、苑爱冬译：《定位：有史以来对美国营销影响最大的观念》，第 3 页，北京，机械工业出版社，2015 年版。

❷ ［美］艾·里斯、杰克·特劳特著，谢伟山、苑爱冬译：《定位：有史以来对美国营销影响最大的观念》，第 3 页，北京，机械工业出版社，2015 年版。

心智中占据巨大份额，人们消费的每三份软饮料里有两份是可乐类饮料。"非可乐"定位法通过把产品与已经占据消费者心智的"可乐"联系在一起，将"七喜"确定为可以替代可乐的一种饮料，从而在消费者心智中占据一个位置。这个"非可乐"的定位理念，你即便拿着七喜饮料冥思苦想也是想不出来的，它只能从喝可乐的消费者的"心智"中去寻找。

其二，定位要使品牌在消费者心目中的产品阶梯上占据有利的位置，以使人们在产生某一特定需求时，首先想到的就是该品牌。

王老吉、康师傅、可口可乐、红牛……这些品牌有何共同之处？它们都是同类产品中第一个进入消费者心智的品牌。定位理论发展到21世纪，走入开创新品类阶段。其营销理念是：在市场营销中，时间的流逝只创造机会，它不会创造新品类。公司通过营销努力创造新品类。于是，王老吉创造了"预防上火的饮料"这一新品类，康师傅成为方便面的代名词，红牛代表功能型维生素饮料，而安慕希引领消费者享用具有更长保质期的常温酸奶。这些品牌已经在消费者的心智中成为解决某种需求的第一选择。

因此，在理解了定位理论核心要点之后，我们应该首先明确：出版市场里的定位，不是对出版产品做本质上的改变，而是要让出版产品或品牌在消费者的心智中占据不可替代的位置，从而在需要购买时成为第一选择。例如，提到古籍出版，首先会想到中华书局；提到外文出版，首先会想到外语教学与研究出版社；提到专业文学出版，首先会想到人民文学出版社。成功出版品牌的竞争优势主要就来源于其鲜明精准的市场定位。对于出版企业来说，要进行差异化传播，使企业品牌与其他企业形成差异，并能在消费者心目中留下深刻印象，由此形成市场竞争优势。而对于出版产品来说，则要在消费者心智中建立起与同类产品的差异性。

出版目标市场的定位要经历三个阶段：识别本企业的潜在竞争优势、确定本企业的核心竞争优势以及传播本企业的核心竞争优势。竞争优势主要体现在选题开发、产品生产、销售渠道、营销能力、服务质量、出版资源等不同方面。出版企业要想通过市场定位传播差异性,首先就要开展深入的市场调查,在知己知彼的基础上确定竞争优势并进行有效传播。

二、出版目标市场定位的类型

出版企业在日常经营管理中,需要定位的主体通常有三大类,分别是:出版企业自身的定位、出版产品的消费者定位以及出版产品的内容定位。

(一)出版企业自身的定位

指的是出版企业针对出版市场竞争者的现实情况,力求凸显本出版企业的相对优势地位,找到一个独特的市场占位。也就是为了在消费者心目中强化自身的形象和地位,专门针对竞争者的定位来进行本企业的市场定位。具体来说,有四种定位方法,即领导型定位、挑战型定位、跟随型定位、弥补型定位。

领导型定位是出版企业力求在市场某个领域中成为行业领导者角色,并在消费者心目中也占据强势地位的一种定位方式。例如,三联书店以其出版高品位的人文社科类专业图书和社会科学译著形成了独特的品牌文化。商务印书馆在工具书领域是我国业内公认的领导者角色。

挑战型定位是向市场领导者发起挑战,通过创造出比市场中强势企业更具优势的出版产品或服务来获取目标市场的认可。例如,小中信是中信出版集团在2015年10月推出的全新儿童阅读品牌。此时,少儿出版领域的市场领导者都在尝试运用AR技术推出新品却并未获得成功。而小中信推出的一款AR技术与科普知识相结合的系列童书《科学跑出来》却在市场上反响强烈,十分畅销。主要原因在于小中信运用挑战型定位策略,在产品质量和渠道服务等方面做到更胜一筹,从而取得了成功。

跟随型定位一般出现在出版市场的培育期和高速增长期,此时较大的市场空间保证了同质化出版产品都能拥有一定的利益空间。但跟随型定位因为缺乏创造性，很难保证长期收益。例如，曾经一个时期教材教辅出版市场非常火爆，很多出版机构开始跟风争夺教材市场份额。可是当市场容量饱和之后，激烈竞争环境中大部分都纷纷败下阵来，偃旗息鼓。

弥补型定位是出版企业避开市场竞争，另辟蹊径寻找市场空白点，以小而全的聚焦战略，生产能够满足目标市场特定需求的出版产品。例如，北京紫图图书出版有限公司被同行誉为"最具活力和创意的图书公司"。它出版的"黑镜头"系列图书开创了中国读图时代的先河，"读行天下"新型旅游图文书则引领起古镇旅游和特种旅游的新时尚。紫图始终坚持高端图文市场，给消费者提供最完美的阅读体验。正是这种弥补型定位战略，为其良性发展奠定了坚实的基础。

（二）出版产品的消费者定位

指按照消费者的类型进行定位，赋予出版产品与消费者的基本特征与兴趣偏好相匹配的产品形象，让消费者感觉到该出版产品就是为自己量身定做的，由此建立起目标消费者与特定出版产品之间的关联。这种定位能否成功取决于出版产品能否获得目标消费者的认同。

有些出版机构在早期甚至就是针对特定的消费者创立的。例如，20世纪30年代，因有感于中国外文图书资料的匮乏，严幼芝先生创办了专门为大学生翻印外文资料的龙门书局，以出版和引进国外教材、教辅及学生课外读物著称。

而现在我们说到消费者定位，更多时候是在探讨某个出版产品的读者对象。例如，本讲开篇提到的《窗里窗外》这本书，理想国找准了细分市场——林青霞的铁杆粉丝，并对这群铁杆粉丝的基本特征和兴趣偏好做出准确定位，赋予这本书与读者定位相匹配的产品形象（包括以高定价凸显图书品位），为此书的成功奠定了坚实基础。再说一个例子。人民文学出版社在20世纪90年代初期出版过一套《世界文学名著文库》，当时面向的细分市场是热爱文学的高端读者，整体装帧设计豪华气派，定价颇高，结果市场表现并不太好。1998年人民文学出版社转变思路，将面向的细分市场变为全国中小学生，成立教材中心，将名著变为教材教辅读物。当时又正值教育部新课标出台，《中学生课外文学名著必读》《语文新课标必读丛书》两套丛书大受市场欢迎，成为出版社的畅销支柱产品。❶ 这两个案例充分说明，出版产品的消费者定位至关重要。只有找准了消费者，出版产品才有可能产生市场反响。

（三）出版产品的内容定位

找准消费者之后，接下来要重点解决的问题就是出版产品在营销中用什么样的内容定位到消费者的"心智"中，促使消费者对出版产品的内容和效用产生认知和共鸣。出版产品营销的核心，永远应该是以对产品内容的介绍为主。

实用类的图书，营销中内容定位自然是聚焦它的"实用"性能。例如后浪出版公司的《伴你一生的睡眠指导书》，从书名就能看出是一本实用性极强的睡眠科普书，它从认知科学角度帮助读者梳理从出生到死亡整个人生阶段所面临的睡眠问题，进而直面工作与生活中的种种挑战。因此，在营销中必然聚焦这一亮点，将内容清晰定位于"贯穿你一生的睡眠知识科普书"，使消费者一目了然，在其"心智"中"能解决睡眠问题的产品"阶梯上占据有利位置。

学术类的图书，内容应聚焦作者研究领域及其学术观点。例如，南京大学出版社推出英国社会学者安·奥克利关于女性与家务的经典著作《看不见的女人：家庭事务社会学》。推荐信息中，强调本书聚焦审视"女性处境""家务""生育"等话题，是作者调研40名女性后写成的家务研究报告。通过本书，读者可以回看40多年前40位女性关于"持家""养育"的口述，体验女性处境的困局与演化。面封上最醒目的一行字是"生为女人，如何不困于持家与生育？"其实就是本书的内容定位。它将读者注意力迅速拉至正在困扰很多女性的社会热议话题，极易调动读者的情感共

---

❶ 李昕著：《做书——感悟与理念》，第98页，北京，商务印书馆，2015年版。

鸣，最终占据其"心智"中"讨论女性处境话题"的图书产品阶梯上的有利位置。

相较于以上两类，文学类图书的内容定位更加复杂。正如莎士比亚所说，"一千个人眼里有一千个哈姆雷特"，不同读者对同一个文学作品的解读可能是不同的。但尽管如此，在营销中我们仍需要从作品内容中提炼出一个主题，并要求这个主题能在营销中吸引尽可能多的目标消费者。2013年广西师范大学出版社出版《平如美棠：我俩的故事》一书，掀起国内读者阅读的热潮，随后又畅销十几个国家。国外的编辑不约而同地称赞它具有"难以置信的美"。《平如美棠》是91岁饶平如老先生的自传，讲述了自己与妻子美棠在时代转变、世事波折的背景下所度过的平淡、艰辛却相爱并有精神守持的生活。"这本书受到了各个年龄层读者的喜爱，它唤起了年长者对从前那段岁月的回忆，也令年轻人向往那种完美的爱情。"编辑阴牧云这样解释其畅销的原因。❶

饶平如和妻子美棠一生的爱情故事是此书的主线。"他们一生波折，到暮年才有一个安定的居所，但老病相催，她却已经到了生命的尽头。当美棠离世后，心中的悲伤和遗憾让平如拿起画笔，他一笔一笔，从美棠的童年画起……就这样亲手构建和留下一个关于爱的故事——在这个故事中，平如以爱的力量对抗着记忆的流逝和时间。"❷因此，本书的营销就围绕着"爱情"这一人类永恒的主题展开。编辑在阐释自己对作品的理解和感悟时着墨最多的是"平凡却美好的爱情故事"和"动人的情感力量"。线下宣传活动以"爱情博物馆"为主题，宣传人员环绕主会场布置饶爷爷的画作，甚至将饶先生家中的部分实物搬到现场，读者在活动前后皆可细细欣赏并拍照留念。互动效果非常好。❸《平如美棠》是一本深深打上时代烙印的爱情史诗，它让你相信世间仍有平凡、美好而又忠贞的爱情。这正

---

❶ 袁慧晶：《平如美棠：一对普通中国老人的爱情故事，为何能走出国门，"圈粉"世界？》，《新华每日电讯》，2017-04-29。
❷ 阴牧云：《7年过去了，我们为什么忘不掉〈平如美棠〉》，载于《出版人》，2020年第5期。
❸ 阴牧云：《〈平如美棠〉出版全记录："最动人"的个人史》，《中华读书报》，2014-10-29，第15版。

是此书通过宣传要在读者心中打下的深刻烙印。毫无疑问,这样的内容定位既贴合《平如美棠》的精神内核,也能最大程度上引起各个年龄层读者的情感共鸣和阅读需求。从营销角度来看是非常成功的。

第三讲　出版产品策略

 导入材料

2016年2月12日,在德国莱比锡"世界最美的书"评选中,《订单·方圆故事》从来自全球32个国家近600种参评图书中脱颖而出,获得书籍设计唯一金奖。这也是继2004年《梅兰芳(藏)戏曲史料图画集》获此殊荣后,中国图书时隔12年再获金奖。

《订单·方圆故事》的内容

《订单·方圆故事》的作者吕重华是西安一家私营美术书店——方圆工艺美术社的经理。在传统的图书发行体系里,书店需要根据读者需求不断更换书品,少不了给出版社发送订单需求,这正是书名"订单"的源起。自2002年起,美术专业出身的吕重华每签署一份订单时,落款并不加盖公章,而是画一幅漫画自画像。十多年来,积攒下来的订单已有上万张,两尺多厚。这些手写的图书订单,是早些年书店与出版社之间业务交流最重要的工具。对于发货及时负责的出版社,吕重华的肖像充满微笑,头顶还画个太阳;对于拖欠货款的,肖像表情堆满愁容,并配文"拜托请求";而为整治书店员工纪律懒散问题,则在《通告》中画上一幅"凶狠"的肖像:他手持一把剑,预示这个可爱的老板要"亮剑"了……

如今,便利的网络环境使得下订单都以电子的方式来进行,这些手写订单已成历史记忆,不免令出版人心生怀念。《订单·方圆故事》正是以这些订单为线索,记录了方圆书店30多年的发展历程,讲述书业人的故事与感悟。书里每一页都有一幅漫画像,配上作者朴实无华又感人至深的文字,散发出浓厚的手制书气息和深厚的人文情怀。

《订单·方圆故事》的装帧设计

《订单·方圆故事》由西安美术学院设计系副教授李瑾设计,广西美术出版社出版,北京雅昌艺术印刷有限公司印刷、三希堂藏书线装生产基地全手工装订制作。根据李瑾的介绍:这本书是方形开本,跟吕重华方正的脸、宽大的体型很吻合,跟书店的气质也很吻合。因为看到书店门口堆了很多装书的编织袋而产生灵感,图书封面就采用编织袋材质的书籍专用防潮包装纸。这种材质韧性好,朴实耐用。内文纸,则用速写纸,即新闻纸,旨在表达"这是一本朴素、不张扬的书,是一本有韧性、有温情,老百姓的书"。

整体上,图书按1:3比例分左右两部分,装订线两侧文字和订单分开,文字部分占主体,置于右侧。订单自画像则分成4本"小书",置于左侧,以有创意的动画式书脊设计展现。一幅幅作者的自画像,或笑或嗔,或喜或怨,一点一滴记录了作者的心路历程。这些极富特色的光头漫画人像,已然成为方圆书店独有的品牌标识(见图3-1)。

图3-1 《订单·方圆故事》的装帧设计

这本书的制作也十分复杂。除印刷环节,仅装订就需要经过断页—打拢线—折页—模切—粘单页—配页—校检—粘封面—裁切—打捆—刷胶—二裁—打孔—穿线—切成品—盖章(字根)—贴签—成捡—打包等二十多道工序,全部都是手工作业。

装帧设计和内容的完美结合,赋予这本书生命的温度。它不是以精致、华美取胜，而是以最朴实、最本真赢得人心。"我翻看那些自画像小书，就像翻洋片一样，很精彩。"广西美术出版社总编辑姚震西说，"书也是有生命的，经过精心设计的《订单·方圆故事》'活'了起来。"

关于《订单·方圆故事》的评价

"世界最美的书"评委会对《订单·方圆故事》的评语是：

"本书对书芯的处理让人着迷，它采用线装的方式，将细腻、散发花瓣光泽的纸张集束成手感柔和的书本，典雅优美。书近似正方形，直排格式，外层封页采用亚光橄榄绿色调的合成拉菲草纤维纸，书脊和地脚印着红色文字和图绘，像是对内容的一个简介。灰色装订线将整本书集束在一起，其左边留出的尾部特别宽，以至于可以容纳四本迷你书，你可以用手指尖，像看翻书动画那样，快速翻拨那些书页。上面还有漫画面孔，看着像是字符一样。文字与图案之间轻松、从容的互动令人叫绝。文字部分既有从左到右的横向书写，也有从右到左的纵向书写。对文字和绘图作视觉安排的原则，能让两者只是以其不同的形态，便可达意。整页纸本身反而变得好像处于一种旁观、模糊的状态之中。这本书的方方面面，从材质、字体、印刷到装订，无一不是浑然天成。书页实际是折叠过来的，里面增添了额外的内容需要裁开来读，像是一个未被剥开的水果。这样的书籍，总像是在漫不经心之中，自然生成这样。"

而在总编姚震西看来，这是水到渠成："这本书讲述中国普通百姓的故事，遵从中国人的阅读习惯，以中国传统线装方式设计装帧，看似朴实无华，却是洗尽铅华，回归本真，最终能在世界舞台获得各国专家的一致认可，再次说明了中华民族文化的强大生命力，说明了'越是民族的就越是世界的'。"❶

---

❶ 此案例素材的整合来源于四篇文章：《走进书的"最美世界"——讲述〈订单·方圆故事〉背后的点滴》，国学网转载《光明日报》文章，2016-03-01；范燕莹：《〈订单·方圆故事〉：书与人的那些事儿》，载于《中国新闻出版广电报》，2016-03-02；樊蓉：《一本让世界为之心动的书——〈订单·方圆故事〉获德国莱比锡2016年"世界最美的书"唯一金奖》，陕西文明网转载《陕西日报》文章，2016-05-25；刘肖肖：《为设计寻觅情感的出口：读〈订单·方圆故事〉》，载于中国美术报网，2016-11-10。

通过这个案例我们可以看到，用最专业的精神投入产品的创作和生产中，打造极致的出版产品形态，可以为产品带来巨大声誉和市场反响。据作者当时介绍，随着《订单·方圆故事》一书获奖，读者群不断扩大，一些从事人文、设计工作以及有点小资情调的读者都开始关注起这本独特的书，造成该书在市场上的脱销。这一讲，我们聚焦出版产品策略，探讨在出版市场中出版产品的运行规律。

 学习内容

本讲主题是"出版产品策略"。通过学习，你将了解如何运用产品整体概念策划制作出版产品，运用出版产品组合策略参与市场竞争，认识出版产品也具有生命周期，并在其不同生命周期需要采取不同的营销策略以促进其销售增长。具体包括：

※ 出版产品整体概念
※ 出版产品组合
※ 出版产品生命周期

20世纪60年代，美国学者麦卡锡教授提出了著名的4P营销组合策略，即产品（Product）、价格（Price）、渠道（Place）和促销（Promotion）。一次完整成功的市场营销活动，是将适当的产品以适当的价格，并利用适当的促销手段通过适当的渠道投放到特定市场的行为。

产品策略是实施营销的基础。对于出版业来说，出版产品包括传统的图书、报纸、期刊以及当前形式日益多样化的数字出版物等多种类型。离开了出版产品，出版营销就如同无源之水。因此，出版产品策略是出版营销策略的核心。本讲将围绕产品整体概念、产品组合和产品生命周期三个理论层面来分析出版产品的实际运作情况。

第一节　出版产品整体概念

现代市场营销理论认为，广义的产品指人们通过购买而获得的能够满足某种需求和欲望的物品的总和，既包括具有物质形态的产品实体，又包括非物质形态的利益。这就是"产品的整体概念"。它包含核心产品、有形产品、附加产品和心理产品四个层次（见图3-2）。

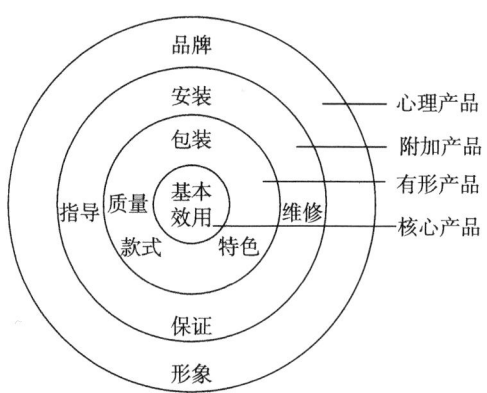

图3-2　产品的整体概念包含四个层次

核心产品，是消费者购买产品所带来的基本效用或利益。

有形产品，是核心产品的载体。指产品的特色、款式、规格、功能和包装等基本形式。

附加产品，是消费者在购买有形产品时所获得的全部附加利益和服务，包括配送、安装、维修、退换等售后服务。

心理产品，是产品的品牌和形象提供给消费者心理上的愉悦和满足。

需要思考的问题是：产品的整体概念对于出版业的产品生产意义何在？对于出版产品来说，这四个层次的产品概念又该如何理解？这是本节将要解决的主要问题。

一、核心产品

核心产品,是消费者购买某种出版产品时所追求的核心利益,在出版产品整体概念中是最基本、最主要的部分。消费者购买某一出版产品,是因为它的内容能够满足其自身关于信息、知识和精神文化生活的需要。

核心产品的概念对于出版企业的启示是:在开发出版产品时首先需要考虑的应该是出版产品的内容,明确出版产品能够提供给读者的基本效用和利益。如果概念模糊,思维混沌,内容不聚焦,不明确,就根本无法为读者带来任何阅读价值。这样的产品即便出版了,最终也只能被读者视为"精神垃圾",无人问津。以主题出版为例。自 2003 年原国家新闻出版总署正式提出实施"主题出版"工程以来,经过 17 年的发展,主题出版已然成为中国特色社会主义文化的重要组成部分。内容鲜明是主题出版的一大突出特色,从多角度折射出大时代的发展与进步。2020 年是我国全面建成小康社会和"十三五"规划收官之年,2021 年迎来中国共产党成立 100 周年。围绕这些重要时间节点,出版界精心策划了一批主题出版物,其中包括以抗击新冠肺炎疫情壮举为主题、为英雄的人民立传的出版产品。这些产品能够为读者提供的基本效用是:全面生动地展现在党中央坚强领导下全国人民齐心协力的抗疫图景。

《大国战"疫":2020 中国阻击新冠肺炎疫情进行中》、《中国共产党防治重大疫病的历史与经验》、《人民至上 携手同行:2020 抗疫图记》(中、英文版)、《众志成城——武汉战"疫"记》、《2020:以生命的名义》等书籍,从宏观角度全面、客观记录中国政府和人民战疫的进程。人民卫生出版社组织编写的"致敬最美战疫医务工作者"丛书,从数千篇全国一线战疫医务工作者的征文中,辑录出医生、护士、疾控人员三册,从亲历者的视角,讲述一个个真实的与病毒抗争、与时间赛跑的故事。由上海仁济医院呼吸科查琼芳医生撰写的《查医生援鄂日记》,完整记录了上海医疗队援鄂 68 天中的点点滴滴。没有宏大叙事、文字朴实无华,却饱含着医护人员、志愿者、民警、社区工作人员、快递小哥、专车司机、酒店服务员等普通人一点一滴为战疫所付出的努力。如书封所言——"这世上可能确实没有超级英雄，不过是无数人都在发一分光，然后萤火汇成星河"。❶

再比如 2015 年的爆款图书《秘密花园：一本探索奇境的手绘涂色书》。全书由英国作者乔汉娜·贝斯福手绘而成，图案精致细密，风格唯美清新，开创全球成人涂色书之风潮。为何一本简单的涂色书，文字寥寥无几，却能风靡全球？通过一些该书出版的相关报道，发现原来是因为涂色的"减压"之功效。静静地给一幅图涂色，可以帮助读者缓解压力、放松身心，发现生活之美。这本书成为许多上班族在忙碌工作之余的一种休闲方式，给他们带来"减压"的核心效用，因此受到追捧也就不足为奇。

二、有形产品

有形产品，是出版产品所具有的全部外部特征。以图书为例，其有形产品包括图书的用纸、包装、封面、开本、插图、色彩等各种外部要素。

有形产品的概念对于出版企业的启示是：在对出版产品进行开发的过程中，出版企业关注产品的内容和基本效用的同时，还应努力提升出版产品的形式设计水平，满足消费者对产品形式的审美需求。形式是内容的载体，好的形式能够将出版产品精神层面的内涵更好地传递给消费者。

上一讲提到《平如美棠：我俩的故事》的内容定位，这里再来说说它的装帧设计。封面喜庆热烈的中国红，瞬间引人注目。"平如美棠""我俩的故事"主副书名以手写毛笔字形端庄地如对联般竖排分列，正中是作者手绘的海棠花，烫金设计，与封面的红色和书名的黑色相得益彰。作者姓氏和名字的印章静静留白，分列姓名上下，给人一种隆重庄严、炽热喜庆之感，浸润着浓浓的"中国味"。

另一个有创意的亮点是书脊的设计，采用锁线裸脊装——锁线装订后留下裸露的书脊，如古时用来捆扎礼物的红色棉绳均匀分布书脊，中间处

---

❶ 韩寒：《2020 主题出版：感受时代力量与温暖》，《光明日报》，2020-07-15，第 9 版。

外贴一小块红色织物，上面印有金色的书名。这样的设计给人一种深刻的仪式感，觉得手捧的是一份极为珍贵神圣的礼物。

这本书在设计中还有一个创意点，也是编辑在一开始就进行规划的营销点，就是毛边切口的设计。毛边书，是一种特有的图书工艺，更适宜表达中国传统审美。《平如美棠》的毛边工艺，是通过钝挫的刀片裁切书口实现的。因此，在打开塑封之后，切口上还会有一些碎纸屑。有些对这种设计形式不了解的读者，以为是图书印制出现质量问题，甚至气愤地在电商平台留言吐槽。而出版方抓住这个机会，开展事件营销，将提前备好的谈论本书独特装帧设计的应急新闻稿通过媒体发布，将设计理念以图文阐释的方式在销售网站页面进行推广，效果显著。最终引导读者对设计产生了新的认识和理解，甚至将负面口碑变为正面宣传。

翻开封面，三张环衬之后才进入扉页。后两张环衬是朦胧怀旧的主人公照片，24岁的饶平如，19岁的毛美棠，清澈的眼神，略带稚嫩的笑容，穿越历史而来，温暖地看着每一位读者。随后，还是封面那支海棠，探出身来，绿叶红花，春意盎然，翻页便是平如海棠年轻时的合影，笑盈盈地迎接你的到来。内文则是彩色的世界，饶爷爷的画作一幅幅铺陈在略微发黄且带有粗糙质感的轻型纸上，所有图片完全按照饶爷爷绘图时本来的样子呈现，我们甚至能在插图上看到用铅笔打草稿的痕迹。本书的设计师朱赢椿曾说：这本书的内容已经足够好、足够特别，这种情况下设计师反而当收敛自己，只需将所有材料如实呈现即可。可见，他的确是这样做的。全书设计中的每一处细节的处理，无不体现着他对这个故事的理解。设计师曾亲自上门拜访过饶平如，正是这次拜访后他定下了设计方向：这本书应当是温暖厚重和接地气的，它是靠近大家的，不会让你觉得有距离感——就像饶爷爷给人的感觉。❶ 最终，这本"温暖厚重接地气"的书被评为2013年度"中国最美的书"（见图3-3）。

---

❶ 阴牧云：《7年过去了，我们为什么忘不掉〈平如美棠〉》，载于《出版人》，2020年第5期。

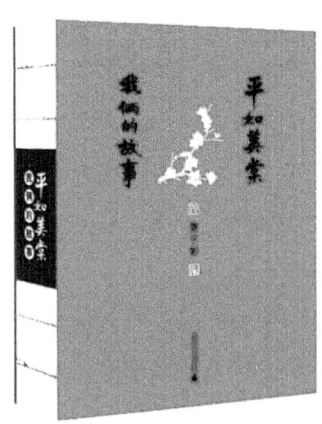

图 3-3 2013 年度"中国最美的书"《平如美棠：我俩的故事》

朱赢椿是国内书籍装帧界的一位优秀设计师，其书装作品屡获国际图书设计大奖。他这样阐释自己的设计理念："设计是为内容服务的，设计要让书进入读者的眼帘，但是又不能设计过头，吃掉文字。"❶ 正是这样的设计理念，辅助《平如美棠：我俩的故事》文字中美好的精神世界犹如浓香的油墨浸入宣纸那样在世界各地读者的心中氤氲开来，鼓舞着他们在生活中去发现美，传递爱。这理当是一个出版产品的有形产品部分能够发挥的最大价值。

三、附加产品

每本书的图书版权页都印有一句话——"如发现印装质量问题，请与印刷厂联系调换。"其实这就是出版企业所提供的最传统的附加产品，也就是产品的售后服务。附加产品，指的就是消费者购买有形出版产品时所获得的全部增值服务和利益，包括售前、售中、售后等全程附加服务。附加产品以出版产品为基础，是出版产品的延伸和附加，它能够为消费者带来除出版产品基本效用之外的更多利益和更大满足，提升消费者的阅读体验。近年来，消费市场竞争升级，不仅有产品与产品之间的竞争，更有产

---

❶ 吴君：《平如美棠的装帧之美》，载于《金山》，2018 年第 7 期。

品能提供的各种增值服务和利益之间的竞争，附加产品的重要性日益凸显。

附加产品的概念对于出版企业的启示是：随着市场竞争的加剧和消费者阅读体验需求的不断提升，附加产品越来越成为出版企业提高市场竞争力的重要手段。因此，出版企业要在提供与出版产品相关的利益与服务上多下功夫，提升读者的阅读体验，让读者感觉物超所值。

将图书文创作为附加产品与图书一起打包销售或是赠送是图书营销的常规做法。出版企业较早前推出的文创产品通常是文具类产品，如笔记本、书签、帆布袋、文具等。近年来，出版企业对附加产品的开发越来越多样化和精细化，且更加注重产品的创意和设计，甚至食品和服装也能成为图书的附加产品。2018年，上海译文出版社和永璞咖啡联名，以十位知名作家的图书元素作挂耳咖啡包装设计，包括村上春树《挪威的森林》、米兰·昆德拉《不能承受的生命之轻》、纳博科夫《洛丽塔》等，俘获一大批文艺青年的心。微博上有人评价："每一包咖啡都值得配一本译文原书""今天你选择打开哪位作家？"2020年情人节，日本知名巧克力店EYECON SHOP用活字印刷术，把谷川俊太郎的诗歌《早晨的接力》和《二十亿光年的孤独》印在巧克力上。因为巧克力的热销，《二十亿光年的孤独：谷川俊太郎诗歌精选集》在中国内地也出现一波销售热潮。更令人惊讶的是，上海译文出版社和服装品牌"步履不停"推出联名款，将"译文经典"丛书中的《月亮和六便士》封面制成连衣裙。网友感慨"披上一本书，感受文字与肌肤、与心灵的零距离接触"，成为热议话题。❶

出版企业不仅开发多样化的附加产品形式，而且需要考虑目标消费者的喜好，根据他们的差异化需求进行差异化投放。例如，上海译文出版社2018年推出村上春树作品《刺杀骑士团长》，营销中特别注重提升消费者的阅读体验。其中一大亮点是，该书的文创周边赠品与图书预售同步融合，而且为不同读者提供的是差异化的融合体验。"通过不同平台和渠道

---

❶ 《图书文创生意真的好吗？》，《深圳商报》，2020-03-27，第7版。

参与预售的读者获得的赠品是不同的。得益于渠道方的大数据信息分析，出版社根据不同销售平台用户的不同喜好有针对性地赠送文创礼品，以此提升读者的情感体验，增加购买的愉悦感。比如，通过豆瓣平台参与预售的读者获赠主题咖啡，西西弗书店的预售礼是特制会员卡、风铃、徽章以及礼品盒，而通过当当、京东等电商平台预定的读者则可以获赠新版《挪威的森林》。"❶ 如此细致策划的精准营销，令这本书在2018年底多项重量级畅销书榜单中均名列前茅。

微信公众号"书圈"很受清华大学出版社读者的喜爱。因为"书圈"就是清华大学出版社以计算机类教师为核心用户创建的垂直领域社群，为购书教师提供各种增值服务，包括配套课件、文章分享、直播讲座、线下活动、会员积分兑换等。在这种服务思维下，用户非常受益。他不仅只是买到一本书，同时还有"贵宾体验"，能享受出版社提供的专业知识服务，这对提升教学和科研都非常有帮助。他们甚至成为出版社的粉丝，用户黏性大大增强。这样，出版社根本不用担心这些读者用户会流失，图书销售将保持持续性增长。

四、心理产品

心理产品，是指出版产品的品牌和形象提供给消费者心理上的愉悦和满足。被消费者认同的产品，一定是能够恰当表达消费者心理状态的品牌。它或是身份地位的暗示，或是自信独立的彰显，或是生活方式的代言。在生活中消费者用品牌来表达自我。可以说，正是"心理产品"这一概念层次将产品提升至品牌的高度。市场中产品的竞争最终是品牌的竞争。

心理产品的概念对于出版企业的启示是：出版产品的营销要重视品牌形象的塑造，打造符合消费者心理需求的出版品牌。在激烈的竞争环境中，越来越多的出版企业着力于建构自身品牌形象，以形成竞争优势，在

---

❶ 公文，姚东敏：《融合+体验：新阅读时代图书营销策略探析——以〈刺杀骑士团长〉为例》，载于《现代出版》，2019年第2期。

竞争中取胜。事实上,市场中优秀的出版企业,必然具有特色鲜明的品牌形象。

例如,谈起三联书店,杨绛先生曾说:"三联是我们熟悉的老书店,品牌好,有它的特色。特色是:不官,不商,有书香。我们喜爱这点特色。"无疑,这句话精练地概括出了三联书店深入民心的品牌形象。"在中国具有鲜明的标志性出版风格的出版社是不多的,三联书店就属于其中的凤毛麟角。三联书店的出版风格是什么?我以为乃是知识分子的精神。三联书店的读者不一定是知识分子,却无论从事哪一个行业,都拥有共同的'家族印记':对自然、社会和人生的超越性关怀,对知识世界和意识世界的执着追求。"❶ 三联书店是"知识分子的精神家园"的品牌形象已深入人心。

第二节 出版产品组合

出版产品组合,指的是一个出版企业生产经营的全部产品品种的结构方式。产品组合由若干条产品线组成,每条产品线又由不同的产品项目构成(见图3-4)。

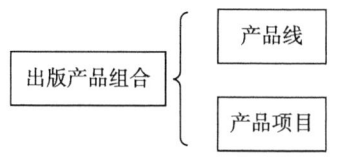

图3-4 出版产品组合

一、出版产品组合的相关概念

(一)产品线

产品线,指适应市场需求而组成的密切相关的一组产品。出版产品线

---

❶ 李昕著:《做书——感悟与理念》,第310页,北京:商务印书馆,2015年版。

则是指在用户、效用、销售渠道等方面具有共性或相关性的一类出版产品。一个出版企业可以生产经营一类或几类不同的出版产品，拥有一条或几条不同的生产线。

以民营出版公司果麦文化为例。果麦文化成立于2012年6月6日，公司业务主要为图书策划与发行，数字内容与广告，IP衍生和运营三大块，其中以图书策划与发行业务的营收为支柱（2017年至2019年的图书业务收入占比分别为94.82%、94.58%和96.44%）。

果麦文化的图书产品线有四条，分别是经典、文学、童书和社科。在公版图书领域，公司以"传承文明，重塑经典"为导向，着力打造"果麦经典"产品线，旨在陪伴当代读者沿着人类文明演变之路重温中外经典。公司通过对三千多年的人类文明史进行梳理、筛选，积累了包含四千多种经典图书的数据库，其中已开发或正在开发的近千种。截至2020年6月底，"果麦经典"推出的《小王子》《浮生六记》《人性的弱点》等图书产品的销量超百万册❶（见表3-1）。

表3-1 "果麦经典"产品线累计销量前五名作品

序号	图书名称	首版首印时间	累计销量/万册
1	《小王子》	2012年12月	378.71
2	《浮生六记》	2015年9月	292.94
3	《人性的弱点》	2014年9月	158.70
4	《老人与海》	2013年1月	71.88
5	《月亮与六便士》	2016年1月	70.57

（二）产品项目

产品项目，指企业生产与经营的产品线内具有不同规格、型号、式样和价格的各种产品。出版企业不同类型的图书产品线可能包含不同规格的图书品种。

---

❶《网文前辈果麦文化上市！年营收近四亿，全网粉丝破2000万》，新浪财经，2020-11-26。

以果麦文化的"文学"产品线为例。果麦旗下拥有韩寒、易中天、冯唐、安妮宝贝、杨红樱、蔡崇达、严歌苓、安意如、李继宏、张皓宸等一批优秀作者。果麦非常重视这些作者资源,将每个作者视为一条产品线进行打造,不断地深入挖掘他们的好作品,丰富每个作者产品线上的产品项目。

例如,韩寒已有包括散文、杂文和小说在内的 20 部作品在果麦出版。在电商平台的销售列表中,有关韩寒的产品项目却多达 46 部。同一内容推出不同样式和规格的产品(如平装、精装、套装等)是产品项目运作的常规做法。套装,是深度开发的延伸产品。一旦一个产品线已经累计三四本以上的产品数量,就能以套装形式产生一个新的产品项目。

再如,作家安意如这条产品线,先后出版产品项目包括:《陌上花开》《美人何处》《世有桃花》。《陌上花开》写诗之美,《美人何处》写人之美,《世有桃花》写意象之美。三本都面世之后,果麦又增加一个新的产品项目——《安意如古典美学三境界》套装书。三本书结集出版,非常巧妙地赋予作者不同的境界与格调,也由此将安意如从普通的作者提升至知识性、学术性的学者层次。

(三)出版产品组合的三个维度

出版产品组合有三个维度,即组合宽度、组合深度和组合关联度。它们为出版企业制定产品策略提供了理论依据。任何出版企业都有一定的经营规模,不可能无限度扩大生产。因此有必要依据自身的资源优势和社会需求,合理布局产品组合的宽度、深度和关联度。

1. 出版产品组合的宽度

出版产品组合的宽度是指出版企业生产经营的产品线的数目。例如,大型出版集团针对目标市场采取全面覆盖策略,其经营的图书产品线必然会多于规模较小的出版企业,其产品组合的宽度当然就更大;比较而言,专业化的出版企业目标市场更加集中,其图书产品线相对来说就会少一些,其产品组合的宽度就小。

北京磨铁图书有限公司（以下简称"磨铁"）成立于2007年，发展至2013年时已拥有11条成熟的产品线，主要包括小说类、黑天鹅财经类、漫画类、社科人文类、历史类和心理自助类等。其中在市场占有率排名中，大众绘本漫画产品线排名第一，心理自助类排名第四，小说类排名第六。2017年，磨铁将图书板块的管理主要集中到重大战略产品线的建设上。磨铁设置的重大战略产品线有四条，分别是中国传统文化、外国文学、漫画和原创小说。由此缩小了公司出版产品组合的宽度。中国传统文化是重中之重，公司甚至专门设立了一个项目组，将其视作一项工程来攻坚。这条产品线至今已推出了几十本畅销书，包括王蒙、余秋雨、于丹等一批名家的作品，覆盖了青少年普及、一般大众读物和高端精品等多样的产品形态，市场反响非常不错。❶

2. 出版产品组合的深度

出版产品组合的深度是指出版企业每一条产品线中所包含的不同产品项目数。例如，专业出版社出版某类图书的品种、规格较全，其产品组合的深度就大；而综合性出版社该类图书的品种、规格较少，则该条产品线产品组合的深度就小。

《诛仙》系列、《盗墓笔记》系列、《明朝那些事儿》系列等产品项目，都是磨铁在小说这条产品线上的畅销产品，出版时在社会中引发玄幻、盗墓、说"史"等多个主题的阅读热潮。磨铁的小说类图书产品线的产品项目还包括《风声》《暗算》《藏海花》《生死河》《花千骨》《后宫·甄嬛传》《亮剑》《房思琪的初恋乐园》等大批超级畅销书，产品组合深度较大。尤其是它对超级IP产品的系列开发，更是最大限度挖掘出产品组合的深度。

3. 出版产品组合的关联度

出版产品组合的关联度是指出版企业的各条产品线的产品在最终用

---

❶ 《磨铁图书创始人沈浩波：资本是个好老师》，搜狐网，2017-08-15，https://www.sohu.com/a/164854734_177490。

途、生产条件、分销渠道等方面的相互关联程度。它是衡量出版企业的产品线或产品种类之间一致性的指标。科学地安排产品组合关联度，能够发挥资源的规模效应，减少资源损耗，增强出版企业的经营实力，提高其市场地位。

磨铁是民营图书公司拓宽自身业务范畴的先行者。自 2012 年年底开始进军影视领域，磨铁逐步巩固其图书、文学、娱乐三大板块的业务布局，从以出版为主业的图书公司转型为覆盖整个 IP 产业链并提供完整内容产业生态的文娱集团。超级 IP 最重要的版权来源就是小说写作。磨铁有效地利用了产品组合的关联度，积极挖掘小说产品线的项目资源优势，延伸图书产业链，让优秀原创 IP 为整个文化娱乐布局服务。作为初涉影视的"菜鸟"，磨铁娱乐出品的电影《从你的全世界路过》与《悟空传》，票房都相当可观。超级 IP 资源的规模效应得到最大限度的市场发挥，也为磨铁的经营注入了新的活力。

再如，果麦文化也很善于开发与出版产品线高度关联的产品线。它曾投资韩寒的三部电影（《后会无期》《乘风破浪》和《飞驰人生》）以及冯唐的《万物生长》等作品，获益匪浅。作为大文娱产业的一部分，果麦对自身的 IP 进行了商业最大化运作。果麦的前期出版，为 IP 的塑造打下了广泛的读者基础，这些读者也会为 IP 后期衍生出的其他产品进行口碑传播。观众通过影视剧等媒介了解故事后，也会对原著产生购买欲，推动出版产品的销售。

二、出版产品组合策略

在把握出版产品组合不同维度的基础上，还需考虑运用何种出版产品组合策略能够更有利于出版企业的经营和发展。出版产品组合策略主要有三种：扩大产品组合、缩减产品组合和产品再组合策略。

（一）扩大出版产品组合

扩大产品组合，包括拓展产品组合的宽度和增加产品组合的深度。例如南京先锋书店，在转型中选择了扩大产品组合策略，首先拓展产品组合的宽度，增加文化创意产品的产品线，已开发"独立先锋"系列文化创意产品5000多种。再如，随着少儿出版市场需求的增加和市场容量的扩大，一些原先并不涉足少儿出版的企业也增加了少儿图书产品线，如小中信、读小库、未小读等品牌的诞生，拓展了企业产品组合的宽度。

增加产品组合的深度，可以在一本书的基础上开发系列产品项目。以上海译文出版社的"译文纪实"为例。最初编辑张吉人在《纽约客》上看到何伟的专栏文章，以外国记者的视角观察中国社会变迁，他觉得是有价值的选题，于是在2011年引进出版了何伟的《寻路中国》，引发读者和媒体的强烈关注。次年何伟的《江城》出版，进一步点燃了读者对"非虚构"的热情。2013年"译文纪实"品牌正式成立，成为一个以非虚构纪实类作品为特色的图书品牌。"用故事，进入真实"，是译文纪实的选题宗旨。2019年7月，译文纪实将推出的32种非虚构图书以"译文纪实第一辑（32种）"套装书形式出版。译文纪实系列图书的出版仍在继续。产品组合深度的不断拓展成为"译文纪实"品牌的影响力不断深入人心的重要原因。

通过挖掘产品组合深度，有时甚至能够让某些产品重获新生。例如，《皮皮鲁和鲁西西》由二十一世纪出版社接手后，以打造"皮皮鲁总动员"这一品牌为核心，将作品拓展为"银红系列""橙黄系列""蔚蓝系列"，以不同颜色为标识分批出版。两年时间，该品牌图书品种增加到30多种，每个品种平均销售达20万册。由此可见，恰当地挖掘图书产品组合的深度，有利于适应各种读者的不同阅读需求，占领同类图书产品更大的目标市场。

(二) 缩减出版产品组合

缩减产品组合，指出版企业主动减少不能创造利润的产品线和产品项目，将主要精力投入能够获取预期利润的出版产品上。

果麦文化在2012年进行公司重组之前，产品线和产品项目多，规模较大，每年出版近400种图书，在创造了一些畅销书的同时，也制造了大量的滞销书。果麦文化总裁瞿洪斌曾反思："当时，我们的团队对每一本图书几乎都没有认真研究，缺乏思考地不断出版。这带来了令人心痛的后果，我们受到了严厉的惩罚：退货量、库存量不断增加，团队人员也都疲于奔命。假如我们当时精简产品，做每个产品时都能够静下心来，仔细研究打磨，那些畅销书所产生的市场价值会远远超过当时。"❶

因此，在重组过程中，果麦文化管理层达成两点共识：第一是做少，大量砍掉平庸的产品线与产品；第二是做长，保证每个产品线都能在此后三到五年之内每年都能良性延伸。果麦文化此后将重点产品线缩减为四条（经典、文学、童书和社科），集中精锐力量打造精品。缩减产品线的市场效果非常明显。果麦文化的公版书这几年已做出自己的品牌和特色，有一批固定的读者群，在大众民营图书行业的公版书码洋占有率从2017年至2019年连续三年排名第一。这充分说明出版企业应善于取舍，量体裁衣，充分发挥自身特长和优势，必要时可以进行"瘦身"，以保证企业持续健康发展。

(三) 产品再组合策略

产品再组合策略，就是对已有的出版产品按照不同的标准进行重新组合后再呈现给消费者。比如，按照出版产品的用途进行产品组合，如政治理论学习用书、工具书、礼品书、考试用书等；按照社会不同时期的热点话题，如"建党100周年"，对相关出版产品进行组合。这种组合策略尤其适用于书店货架上的图书组合展示和售卖。对于出版企业来说，也可以根据产品特点按照各种标准制定不同的组合策略，为产品的销售创造更多的可能性。特别是畅销书作者的作品，当有了一定积累之后，可以将其作品再组合成套装或礼盒装进行售卖，从而为读者提供更加多样化的消费选择。

果麦文化已出版冯唐的作品包括：长篇小说《欢喜》《十八岁给我一

---

❶ 张倩茹：《果麦文化：告别退货，打造高效图书产品线》，《中华读书报》，2014-11-15，第6版。

个姑娘》《万物生长》《北京,北京》《不二》《女神一号》;短篇小说集《安阳》《搜神记》;散文集《活着活着就老了》《三十六大》;诗集《冯唐诗百首》;译著《飞鸟集》。2012年后,冯唐人气一路飙升,其代表作《活着活着就老了》一年的销量达15万~20万册。于是,果麦顺势而为,进行资源整合,制作了三种不同组合搭配的套装书,受到不同需求读者的关注与好评。

第三节　出版产品生命周期

产品生命周期(Product Life Cycle),简称PLC,该理论是美国哈佛大学教授雷蒙德·弗农(Raymond Vernon)1966年在其《产品周期中的国际投资与国际贸易》一文中首次提出。弗农认为:产品和人的生命一样,要经历形成、成长、成熟、衰退这样的周期。

每种产品都有生命周期,出版产品也不例外。从进入市场到最终被市场淘汰的时间过程,就是出版产品的生命周期。出版产品生命周期一般以出版产品的销售量和利润额来衡量。出版产品在市场上从无到有,从高速增长到市场饱和,再到被市场淘汰的变化过程,可以用一条曲线来表示,即出版产品生命周期曲线(见图3-5)。

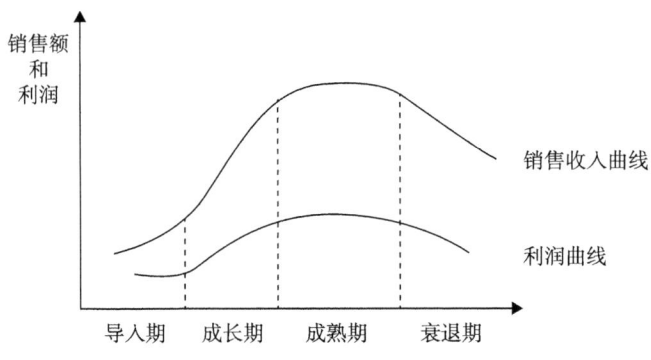

图3-5　出版产品生命周期曲线

从曲线图可见，出版产品的生命周期分为导入期（也叫引入期）、成长期、成熟期和衰退期四个阶段。引入期，产品初入市场，消费者对之缺乏了解，销量不高，利润低甚至没有。成长期，产品逐渐被消费者熟悉和接受，市场需求增大，销量和利润逐渐大幅上升。成熟期，产品已经占有一定市场份额，销量和利润平稳增长并逐渐达到最高点。之后，竞争产品逐渐增多，抢夺市场份额，市场容量饱和。进入衰退期，产品销量显著下滑，利润大幅回落，新产品开始出现，旧产品退出市场。

产品生命周期理论带给出版企业的启示在于，在出版产品所处生命周期的不同阶段，需要根据其不同阶段的特征制定不同的营销目标和营销策略。

一、导入期营销策略

出版产品的营销，导入期是关键时期。在这个"酒香也怕巷子深"的时代，出版产品的质量再好，如果没有适当的宣传推广，就没有知名度和关注度，很难在市场中产生影响。因此，导入期的营销目标是加大广告宣传的投入，提高产品铺货率，打开销路，快速占领市场。通常，出版企业通过灵活利用促销和定价这两个营销要素的不同组合来实现这一时期的预期目标。一般来说，以促销和价格作为衡量依据，我们可将导入期营销策略分为四种类型，包括高价高促销策略、高价低促销策略、低价高促销策略和低价低促销策略（见图3-6）。

低定价	高定价	
快速渗透 （低价高促销）	快速进入 （高价高促销）	高促销
缓慢渗透 （低价低促销）	缓慢进入 （高价低促销）	低促销

图3-6 导入期营销策略的四种类型

（一）高价高促销策略

此策略对出版产品定高价，对其上市进行大量的前期宣传和促销，以达到快速占领市场并获取较高利润的目的。

适用的前提条件是：出版企业具有一定的品牌影响力；产品具有明显的差异化优势；拥有忠实的消费者，他们对出版产品的需求价格弹性较小且购买意愿非常强烈。例如，2011年10月《史蒂夫·乔布斯传》由中信出版社在国内首发，定价68元，营销投入逾百万元。该书一上市就供不应求，销量和利润双丰收。（《史蒂夫·乔布斯传》的营销策略分析将作为案例附本讲结束之后。）

（二）高价低促销策略

此策略以高定价、低促销投入的方式推出出版产品，目的在于最大限度地获取高利润。

适用的前提条件是：出版产品的市场容量较小；消费者和经销商已熟知该产品；尚未出现替代品；消费者对出版产品的需求价格弹性较小且购买意愿强烈。通常，专业出版社在出版专业书籍时采用这种营销策略。又如，影视同期书，因影视剧的号召力和影响力，这类书籍不需要进行声势浩大的促销就能获得较好的销量。如《纸牌屋》《致我们终将逝去的青春》《少年的你》等。

（三）低价高促销策略

此策略对出版产品投入高成本进行前期宣传，但同时以低价位推向经销商和消费者，目的是以最快的速度占领最大的市场份额。

适用的前提条件是：出版产品的市场容量大，消费者和经销商的需求价格弹性较大；消费者对出版产品的熟知度较低；替代品竞争威胁大。例如，2004年《狼图腾》上市之初，消费者认知度较低，且小说市场竞争激烈。在此情况下，长江文艺出版社将此书定价在20元以下，并精心策划了一系列宣传促销活动。一时间"狼文化""草原文化"成为热门话题，该书也在消费者中间口口相传，成为当年的超级畅销书。

(四) 低价低促销策略

此策略以低定价、低促销投入的方式推出出版产品。低价的目的是让目标消费者更多地购买产品，低促销则是为了节约成本，尽可能提高利润率。

适用的前提条件是：消费者的需求价格弹性大；出版产品的知名度较高；市场容量大。例如，郭敬明的青春文学作品主要受到青少年读者的喜爱，他有很多铁杆粉丝。他的新作上市无须大张旗鼓地宣传也能受到粉丝的追捧。但是，针对青少年群体的购买力，在定价上通常采取低价策略。

二、成长期营销策略

成长期是出版产品创造良好经济效益的关键时期。在这一阶段若出版产品的销售量得到大幅度提升，将为图书产品进入成熟期打下坚实的基础。

在成长期，出版产品逐渐被更多的渠道商和消费者所了解，产品销售量增长迅速，产量提升，成本下降，利润随之增长。而与此同时，产品在首版首印中存在的问题也会暴露出来。新的竞争者加入市场，盗版书以及选题"跟风"的情况不可避免地出现，同质品或替代品应尤其引起出版企业的关注。

这一时期的营销重点是：扩大市场占有率，拓宽分销渠道，加快分销速度；宣传推广的重点从产品认知转移到建立品牌形象；进一步提升出版产品质量，提高服务水平。

上海外语教育出版社的《大学英语》刚上市时，仅有十几家书店进行销售，发行能力十分有限。进入成长期后，出版社充分利用"高校代办站"这一渠道，将图书的销售工作开展到各高校。随后，出版社又精选新华书店、外文书店和一批信誉好、发行能力强的民营书店，不断地拓宽发行渠道，使得产品在成长期销量得到大幅提升。

上海人民出版社引进的中文版《达·芬奇密码》上市后取得了不错的销售业绩。步入成长期后，产品在推出第二版时，价格未变，但添加了8页彩图，增加了阅读的趣味性。同时，通过引进新技术，既提升图书的防伪能力，又使图书更加精致。此外，出版社还针对读者群，开通了中文网站，介绍创作背景和有关宗教知识，并利用论坛等形式帮助读者更好地阅读图书。出版社通过在成长期聚焦产品和服务质量的改善，进一步扩大了《达·芬奇密码》的市场影响力和销售量，也由此进一步增强了读者黏性。

三、成熟期营销策略

成熟期，图书产品被广大读者接受，并占有一定的市场份额，图书的销售体现出量大且增长稳定的特点。随着产量增大，成本降低，这一阶段出版社的利润达到最高点。同时，市场开始呈现饱和状态，销售增长减缓，再加上同类产品增多，竞争程度达到白热化。成熟期是出版机构谋求利润的最佳时期，企业要努力延长这一阶段。

这一时期的营销重点是：应该采取积极的促销策略，维持与老客户的关系，寻找新的客户，最大限度地延长图书成熟期的时间。可以运用三种营销策略：提高图书质量；进行市场细分；调整营销组合。

《达·芬奇密码》原版于2003年由兰登书屋出版，上市后两年时间在北美发行了1200万册，随后，精装本的热销势头略显疲惫。进入成熟期后，借助同名电影上映的契机，出版商推出了三个不同品种的平装本，开发了新的细分市场，迎合等待廉价平装本读者的需求。此后，又陆续推出袖珍版本、彩色插图版本、插图珍藏本等多个品种，且不断地进行修订、删减，以此提升产品质量，满足不同读者的需求，提高市场竞争力，延长盈利周期。

《新编大学英语》是外语教学与研究出版社推出的拳头产品，始于2008年，早已进入产品成熟期。为了巩固其市场地位，外研社每年要投入2000万元对11000位大学教师进行免费培训。另外还举办每年一次的全国英语演讲大赛和辩论大赛。外研社的这一举措虽然投入巨大,但在读者中形成了良好的宣传,树立了品牌,使产品的市场地位更加稳固。

四、衰退期营销策略

衰退期,是出版产品销售量和利润急剧下降的阶段。随着时间的推移,出版产品将被更新、更好的产品替代,导致销量下滑明显。

衰退期是不可避免的。出版企业应在适当的时机停止投资,避免出现产品积压的情况,力求将损失程度减小。当然,在衰退期,退缩防守并非唯一的策略,也可以转移产品市场,开拓新的领域,或抓住机会,采取积极的营销策略,使得产品的销售能够出现转机,争取更多的利润,延长其生命周期。

这一时期可采取的策略包括:①收缩策略。把资源集中使用在最有利的细分市场上,从而尽可能多地获利。②持续策略。当市场上其他产品纷纷退出市场后,出版企业可根据市场需求,延续原有的营销策略,保持原有的细分市场,再退出市场。③退出策略。出版企业已无利可图,同类产品也纷纷退出市场,这时应立即退出市场,减少库存积压,避免损失。

附：《史蒂夫·乔布斯传》的营销策略分析

1.《史蒂夫·乔布斯传》出版简介

《史蒂夫·乔布斯传》是史蒂夫·乔布斯唯一授权的官方传记，2011年10月24日在全球发售，简体中文版同步上市，由中信出版社首发。《史蒂夫·乔布斯传》由著名传记作家沃尔特·艾萨克森在两年时间内与乔布斯面对面交流40多次、对乔布斯100多位家庭成员、朋友、同事和竞争对手进行访谈的基础上撰写而成。

美国出版方西蒙舒斯特原定于2012年3月出版这本传记，先是受乔布斯离职的影响将出版计划提前至2011年11月21日，后又因乔布斯突然病逝，再次将出版时间提前至10月24日。中信出版社作为该传记在中国大陆的唯一出版机构，也在当天同步推出官方授权的简体中文版。该书售价68元，上市一周销量超过67万册，中文简体版创下全球销售冠军。

中信出版社在申请《史蒂夫·乔布斯传》版权时曾经说过：中信愿意集全社之力来做这件事情！无论是参与这本书全程策划的人员数量之多，还是整合资源所涉及的行业之广，都是出版行业极为罕见的现象。中信在案例分享总结时坦承，中信出版社一直都在做原创图书的引进，水滴石穿的一贯坚持是它受到国外出版方的青睐并最终获得大陆地区简体中文版的唯一授权的根本原因。

在业内人士看来，该传记的出版是全球出版界的一件大事。它极大提升了人物传记书籍在全球出版市场的国际化运作水平，打造一种新的全球畅销书推广模式。《史蒂夫·乔布斯传》在市场首发的引入阶段，采取了典型的高价高促销营销策略。此策略的适用前提是：出版企业具有一定品牌影响力，读者对图书的需求价格弹性较小，购书心切。这本书符合这些条件。因此68元的偏高价位是市场能够接受的。而在营销方面，中信投入近百万元，突破传统的营销方式，内部策略和外部合作双管齐下，组织了一场声势浩大的营销攻势。

2. 内部策略

此部分将主要聚焦于中信出版社针对《史蒂夫·乔布斯传》这本书的运营实施的内部创新策略。

2.1 传奇小组铸造传奇

2011年8月，中信出版社成立传奇小组，第一次采取大项目运作方式，由总编辑任项目经理，分为产品组、渠道组、营销组三个小组开展工作，涉及人员多达130多人。传奇小组成员秉承"过程就是奖励"的理念，以加入小组为荣，创新、变化贯彻始终，对方案不断追求完美。想象力和执行力是传奇小组的两大灵魂。

2.2 渠道限价策略

超级畅销书的打造一定要在各渠道中广泛铺货。经深思熟虑，中信出版社采取了各类渠道折扣不低于7.5折的"限折令"。如果不遵守这个价格体系就无法拿货。对价格体系主动的规划和饥饿营销成就了《史蒂夫·乔布斯传》在渠道商中具有超越以往的话语权。

2.3 以小时为单位的生产管理

《史蒂夫·乔布斯传》在出版过程中三次变更出版时间，后续增加近200页书稿内容，大幅增长的订购需求以及仅10天左右的印刷和首发时间，这些都让此书的全球同步上市成为"史无前例应对极限出版周期的挑战"。中信出版社精准到小时的生产进度管理，精确计算出发货时间和数量，印刷、物流、发行人员的密切沟通和无缝衔接，使图书一下流水线即刻被塑封打包拉走，为各渠道的货源相对充足提供了可靠的保障。这一切，如果没有执行力就无从说起了。

2.4 自媒体平台发布信息

在将《史蒂夫·乔布斯传》打造成为畅销书的过程中,中信出版社一直扮演着媒体的角色,成为新闻话题和资讯的发源地。它借助新浪和腾讯两家强势媒体,打造其自媒体平台,如乔布斯传官方网站和乔布斯官方传记微博等。这些平台不断发布相关新闻,引导舆论,成功拉动了销售。

3. 外部策略

跨行业兼容各方资源,为《史蒂夫·乔布斯传》的销售打开了更多的购买通道。这是中信出版社在营销上的创新之举,甚至可以说开历史之先河。

3.1 跨行业资源整合,大规模发布广告

《史蒂夫·乔布斯传》的主要广告媒介如下。
地铁广告:凡客诚品、苏宁易购、京东商城、中信银行信用卡部
高速公路广告牌:中信银行信用卡部
路牌广告:凡客诚品
垂直搜索平台:亚马逊、当当网、苏宁易购、京东商城

3.1.1 与凡客合作投放户外路牌广告

在离这本书的全球首发只剩四天时间时,全国10个城市一夜间同时出现了印有《史蒂夫·乔布斯传》首发信息的户外广告牌(见附图1)。这批广告是由网络快时尚品牌凡客诚品投放的。凡客诚品试图借着此书的热度跨界卖书,推出了限量版T恤、胸章等纪念品。凡客诚品官方微博从10月20日就开始为这本书的营销预热。

附图1　凡客诚品投放的《史蒂夫·乔布斯传》户外广告牌

因为同步搭售T恤，还赠送徽章等纪念品，凡客诚品成为这本书最热门的卖家。调查显示，有71.1%的人选择在凡客诚品购买《史蒂夫·乔布斯传》，远远领先当当网和亚马逊。

3.1.2　与中信银行信用卡部合作，创新发售渠道

作为本书的合作伙伴之一——中信银行信用卡，在该书公开发售前通过短信向400万活跃持卡用户发送了预订邀请，持卡人直接回复信用卡后四位和一个代码就可以订阅这本书。有1万人通过这种方式预定这本书，这批订单从10月23日就开始安排发货，以保证持卡人可以在24日全球首发第一天就拿到图书。❶

3.1.3　与网络主流购物渠道合作，发布预售信息

在百度输入搜索关键词"乔布斯传"，会看到有多家公司为它做关键词推广。京东商城为该书买下了新浪的展示广告位。苏宁线下1000多家实体店为该书在苏宁易购的预售做配合宣传。当时创建仅三年的苏宁易购其实是想借《史蒂夫·乔布斯传》来推销其10月31日正式上线的图书频道。❷当当网、亚马逊、快书包和凡客诚品等电商平台都发布了预售信息。

3.1.4　与唐茶合作开发电子书，与纸书打配合战

为了满足更多"果粉"能在苹果终端设备上阅读《史蒂夫·乔布斯

---

❶ http://tech.sina.com.cn/it/2011-11-14/11276316546.shtml。
❷ http://news.sina.com.cn/c/sd/2011-11-02/132123402867.shtml。

传》的需求，中信出版社委托唐茶开发制作此书的 iOS 版，原定于 10 月 24 日在苹果的 App Store 上推出。但"果粉"们发现，电子书在首发之日并没有出现在 App Store。中信出版社受到纸书渠道销售商的压力，延后了唐茶版《史蒂夫·乔布斯传》电子书的上架时间。这也间接刺激了"果粉"们的购买欲。

3.2 主流网站专题推广

中信出版社与多家主流网站合作，以 Steve-jobs 开头注册二级域名网站，使图书内容得到更加丰富和立体化的展现。

新浪网：中信出版社在新浪注册"乔布斯官方传记微博"，及时发布这本书的花絮，吊足了"果粉"的胃口。首发前，新浪微博已有 2 万余粉丝关注这本书。

优酷：优酷在 9 月初确定成为《史蒂夫·乔布斯传》的官方视频网站，steve-jobs.youku.com 与书的发行同步上线。这是让读者同步看书和视频的一次探索。当时优酷的编辑在出版社工作了好几天，按照书中的内容顺序制作出 16 个视频回顾乔布斯的一生。

巨鲸网：作为音乐合作网站，巨鲸网为这本书制作了二级域名的主页 steve-jobs.top100.cn，提供乔布斯在 iPod 以及 iPad 里存放过的音乐。读者可以试听书中提到的那些让乔布斯着迷的音乐。

3.3 丰富多彩的线下活动

3.3.1 在传统书店开展多种促销活动

在 10 月 24 日首发当天，中信出版社联合全国 21 个城市 30 家书店举办了书垛揭幕仪式和丰富多彩的促销活动，还为读者准备了 200 件乔布斯 T 恤、首发纪念卡以及作者签名章。很多书店一早就出现排队现象。上午 10：05 分，全国 30 家书店同时间揭幕。一直严格保密的图书终于呈现在读者和媒体面前。为增加书店的积极性，增加揭幕仪式的趣味性，中信出版社还举办了创意码垛大赛（见附图 2）。活动当天的码垛图片上传至官网和官方微博,由网友投票选出获胜者。

附图2 《史蒂夫·乔布斯传》首发当天各书店里的创意码垛

3.3.2 举行题为"Thank You Steve"的公益分享会

2011年11月18日中信出版社在国家大剧院与"中美文化艺术论坛"合作举办题为"Thank You Steve"的分享会,吸引了社会各界精英,商界、学者、艺术界、媒体人、出版人等悉数到场,畅谈他们对乔布斯精神的理解。同时,借这次公关活动发布了精装本上市的消息。通过新浪微博直播、腾讯图文直播、优酷视频直播以及河北卫视《读书》栏目现场录制节目,达到了很好的宣传效果(见附图3)。

附图3 Thank You Steve 公益分享会现场

3.4 高频次的媒体曝光

在4~5个月的时间里,全国媒体对《史蒂夫·乔布斯传》出版的消息进行轰炸式、持续性的报道。据不完全统计，在全国范围内电视、电台、杂志、报纸、网络等各类媒体对此书的原创性报道高达500次之多，可以推断关于本书的消息最终送达到了上亿人。中信出版社通过发布相关话题和最新资讯，将此书的出版打造为全社会关注的重要事件，通过媒体的传播杠杆撬动了市场（见附图4）。

附图4　发布《史蒂夫·乔布斯传》相关新闻报道的部分媒体

4. 总结

有评论说，《史蒂夫·乔布斯传》的营销可能是图书发行史上最热闹的一次营销。❶ 出版界对它的关注从它还是一项写作计划的时候就开始了。一家有影响力的出版机构曾计划出资100万美元竞购版权也未能签约。拿下中文版权的中信出版社更是从询价开始就被要求签下保密协议。也有评论说，《史蒂夫·乔布斯传》改变了中国出版业营销模式。❷ 中信出版社史无前例地拿出上百万元作为硬性营销费用，采取跨行业合作营销模式，与多个品牌联袂营销，以网络营销为主，线下活动作为补充，打造了一个较为完整的整合营销传播链条。

《史蒂夫·乔布斯传》的成功是打破传统、创新思维、勇于尝试的结果。在此，用中信出版社在案例总结中的话来作为此案例分析的结尾："当机会来临时，需要的不仅是以敏锐的嗅觉捕捉到它，更需要一种打破常规的思维，一种敢于尝试的勇气！"❸

---

❶ http://tech.sina.com.cn/it/2011-11-14/11276316546.shtml。
❷ http://news.sina.com.cn/c/sd/2011-11-02/132123402867.shtml。
❸ 这句话来源于中信出版社的案例总结"《史蒂夫·乔布斯传》——出版界的一个传奇营销案例分享"。

第四讲　出版品牌

导入材料

当前,在竞争激烈的少儿图书市场中,一些专业少儿社却"慢"了下来。他们不再追求高速发展,而是以高质量发展作为方向,稳中求进,做强品牌。

打造品牌图书,打造品牌作者,成为品牌出版社。这是自2016年以来连续4年位列少儿图书市场占有率第一的二十一世纪出版社集团的发展宗旨,也是它践行"提升中国文化软实力、坚定文化自信,实现中华民族伟大复兴的使命"的路径选择。如社长刘凯军所说:"出版质量的高低,出版的品牌塑造,不仅仅是单纯的产品和利润数据,更多的是其背后的文化积淀、产品标杆、经验传承。"❶

出版社如何建立和运营自己的品牌?我们来看看二十一世纪出版社集团是怎样做的。❷ 多年来,二十一世纪出版社集团以经营IP的思路来打造出版品牌,不仅打造出多个"现象级"的图书品牌,还较早地进行了数字化营销转型,采用全IP模式开展运营,摸索出了一些经验。

第一,以周期化的思维延续品牌生命力。

要打造品牌的长线影响力,就要运用周期化的思维,从品牌的整体周

---

❶ 刘蓓蓓:《二十一世纪出版社集团:在慢中求进,在稳中领先》,《中国新闻出版广电报》,2019-12-09。

❷ 材料来自崔亮、黄震:《新时期童书品牌建设的经验与思考——以二十一世纪出版社集团童书品牌的打造为例》,载于《出版广角》,2020年第20期。

期性发展角度思考，不断延长品牌的生命周期，打造具有持续生命力的图书品牌。该社的畅销 IP"不一样的卡梅拉"品牌系列就经历了多个周期化的转型。

该系列于 2006 年引进中国，最初依靠实体书店码堆陈列方式销售，效果并不理想。当时，电商平台发展势头强劲，二十一世纪出版社集团从中看到了图书销售未来将在电商平台上爆发的前景，于是抓住当当网的发展红利期，签署"超战"协议，将"不一样的卡梅拉"系列在当当网独家销售，使得该系列一炮而红，创造了日销万册的纪录，被当当网评为五星级超级畅销书。

当当网之后，亚马逊很快也开通了中国地区的网店服务，之前一直以 3C 和小商品零售为主的京东和天猫平台也不约而同地增加了图书板块。2013 年，二十一世纪出版社集团提前洞察到电商渠道即将进入多平台、全品类的发展周期，于是再次做出前瞻性的判断，解绑"不一样的卡梅拉"与当当网的独家销售，随后与京东、天猫和亚马逊三大电商巨头广泛展开合作。

同时，出版社还抓住微博、微信公众号等社交平台的发展红利期，先后建立"小鸡卡梅拉"微信公众号，"卡梅拉大家族"微博、QQ 群、微信群以及"蓝色小屋"微店等，形成数字化营销矩阵。这些举措之下，"不一样的卡梅拉"系列在 2013 年一年的销售码洋就超过了过去 7 年的总和。

随着 4G 的普及以及 5G 时代的到来，充分利用碎片化时间的音频和短视频将成为读者获取信息的新方式，音频和短视频的红利周期即将开启。2018 年 11 月，二十一世纪出版社集团与喜马拉雅 FM 平台达成关于"不一样的卡梅拉"有声故事的独家战略合作。音频上线仅一个月的时间，播放量就达到了 105 万次。此外，在品牌延伸产品线方面，二十一世纪出版社集团不仅定制了关于卡梅拉的玩偶、T 恤、彩铅、笔记本等多种周边产品，还推动卡梅拉英文舞台剧于 2019 年暑假在上海演出，实现了"不一样的卡梅拉"系列从童书品牌向 IP 品牌的转型。

第二，通过价值感建立品牌壁垒。

品牌给读者最直观的感受在于价值感，这也是品牌的核心竞争力。

二十一世纪出版社集团出版过多套引进版童书，并将其培育成品牌。例如引进韩国的科普漫画"我的第一本科学漫画书"系列。该系列拥有"环球寻宝记""绝境生存""百问百答"等多个子系列，一度在国内的少儿科普领域建立了"封杀性"的出版格局和品牌壁垒。引进国外的精品，不仅是为了建立和丰富引进图书的品牌，更重要的是学习它们的呈现形式和经验，结合国内读者的实际需求，将中国元素融入其中，最终打造原创的品牌童书。因为真正的品牌壁垒，还是要掌握在自己手上。考虑到"我的第一本科学漫画书"系列已经成为畅销品牌，受到广大读者的认可，但该系列一直缺乏对中国的描写，所以，根据这套书的主题和形式，二十一世纪出版社集团联合中国台湾著名漫画家孙家裕老师一起打造了"大中华寻宝记"系列，将主题定位到中国的每一个省、自治区和直辖市。目前，该系列图书已经出版了27册，成为国内原创少儿科普漫画的领军品牌。多媒体时代，二十一世纪出版社集团在该系列图书的基础上开发了52集动画片并登陆央视播放，还围绕"大中华寻宝记"IP打造了"寻宝记——神兽发电站""寻宝记——神兽在哪里""恐龙世界寻宝记"等多条延伸图书产品线，增强了"大中华寻宝记"的IP价值，扩大了品牌影响力。

第三，放眼全球，与国际优秀出版社合力打造品牌。

二十一世纪出版社集团与多家国际优秀出版机构达成了长期合作，共同打造全球化的品牌。

二十一世纪出版社集团与牛津大学出版社达成了"活学探未来"和"小小科学家"两条产品线的合作。与英国的冰屋出版社建立长期的合作，引进冰屋出版社的玩具书品牌，并采取全球合印的方式，保证了引进后的冰屋玩具书具备和国外产品同等的质量，为打造冰屋玩具书品牌提供了有力的保障。二十一世纪出版社集团还与德国卡尔森、法国欧儒、美国麦克米伦等国际出版巨头达成了"小精灵皮卡西""嗨！道奇""梦想家沃夫"等多条品牌图书产品线的合作，在北京合资成立了麦克米伦世纪咨询服务有限公司，致力于打造国际化的童书品牌。

第四，多渠道发力，以定制化思维打造跨界品牌。

麦克·格雷涅茨是二十一世纪出版社集团首位经营的外籍作家，创作了《月亮的味道》《彩虹色的花》等多部具有品牌效应的图画书。在麦克的作品已经具备一定品牌影响力的前提下，二十一世纪出版社集团采用定制化的方式，多渠道发力，分步骤打造"麦克"作者品牌。一是为渠道定制产品。出版社打造集合了麦克所有作品平装版的《麦克彩虹绘本馆》礼盒，交由社群渠道独家销售，仅半年就销售了 2.5 万套。二是进行定制项目的合作。为了广泛借助其他产业的力量跨界打造品牌并提升影响力，二十一世纪出版社集团于 2019 年在北京成立文创图书事业部，旨在专门定制项目图书。文创图书事业部选择了麦克的《彩虹色的花》《绯儿》和曹文轩的《夏天》《鸟和冰山的故事》四册绘本，打造与肯德基儿童餐绑定的"大师名作经典绘本"系列。通过肯德基的定制渠道，该系列实现 400 多万册的销售量，同时也提升了两位作家的品牌效应。

通过二十一世纪出版社集团品牌运营经验的分享，可以看出，当前的出版企业不仅树立了出版品牌竞争的理念，还不遗余力地在实践中去打造出版品牌。的确，出版品牌是一家出版企业的综合实力的象征，也是其能否具备良好社会效益的重要指标之一。出版品牌对出版企业未来的发展，具有战略性的意义。这一讲，我们聚焦"出版品牌"这个话题，探讨它的重要价值和运作规律。

 学习内容

本讲主题是"出版品牌"。通过学习，你将了解出版品牌的含义和类型，认识出版企业树立良好品牌形象的重要价值，掌握如何通过视觉符号和文化符号建构出版企业的品牌形象，并在市场中有效地传播其品牌形象。具体包括：

※ 出版品牌的界定

※ 出版企业品牌形象的建构

※ 出版企业品牌形象的传播

2014年5月，习近平总书记在河南考察时提出："推动中国制造向中国创造转变，中国速度向中国质量转变，中国产品向中国品牌转变。"

我国出版业的发展同样对"品牌"有迫切需求。近年来，在我国实行文化体制改革的背景下，出版业转企改制，已实现整体产业化。产业化给出版业的改革发展注入了新的活力，是出版业发展壮大的必经之路。随着我国出版体制改革的深化推进，出版企业的市场化程度日益提升，所面临的市场竞争日益激烈。在激烈的竞争环境中，越来越多的出版企业开始重视品牌的力量，施行出版品牌战略。

"要更好地满足广大人民群众的精神文化需要，扩大中华文化的影响力，实现从出版大国向出版强国的转变，出版业就必须在优化产品、提高品质上下功夫，在打造出版品牌上做文章。弘扬工匠精神，培育更多的出版业工匠，有助于出版业打造更多享誉世界的'中国品牌'，推动出版产品和服务进入高品质时代。"❶ 本讲就将围绕"出版品牌"这个话题展开讨论。

第一节 出版品牌的界定

关于出版品牌的界定，学界和业界并未统一。不同的视角下对出版品牌的阐释略有差异。比如，从读者角度看出版品牌的意义，"出版品牌是一种口碑与荣誉，反映着出版物或者出版机构在读者心目中的良好形象"；从企业角度看出版品牌的意义，其阐释又可以是"出版品牌是出版社在长期的出版活动中形成的，反映一个出版社的综合实力，其内核是企业精神体验和文化价值。"客观来说，我们难以用一两句话对出版品牌做出全面的概括。能否给出一个明确的概念并不十分重要，关键在于我们需要从多个角度出发，理解出版品牌在行业实践中的重要价值和意义，塑造品牌理念。

---

❶《让工匠精神成为行业发展底色》，《中国出版》，2017年第15期。

一、理解出版品牌

(一) 出版品牌的含义

出版品牌是出版社及其产品的名称、声誉、价值、历史、属性、装帧设计、渠道资源、文化品位、价值主张和受众对其认知和感受的总和。

从读者的角度来看，出版品牌就是自己对所接触的出版产品和服务的认知、联想、体验、感受和态度，它表达的通常是一种心理活动过程和状态，有时甚至是一种身份的确认。对读者来说，出版品牌是品质的保障，它可以更加精准地定位所需产品，缩减挑选产品的时间成本，降低消费风险，还可以给读者带来除产品实物以外的精神利益。

从出版企业的角度来看，出版品牌是企业所能提供并为读者和社会所接受的特定出版产品和服务的概括性、抽象性的表达。出版品牌能够为企业累积品牌资产，增强竞争优势，提升消费者的品牌忠诚度，形成品质认知和品牌联想，最终提升出版产品的市场占有率。同时，出版品牌与企业履行社会责任的义务关系密切，出版企业践行社会责任也是建构出版品牌的重要途径之一。

(二) 出版品牌的类型

出版品牌，包括出版企业品牌、出版产品品牌和作者品牌。出版企业品牌，指的是行业内公认的那些优秀的出版产品生产机构（见图4-1）。

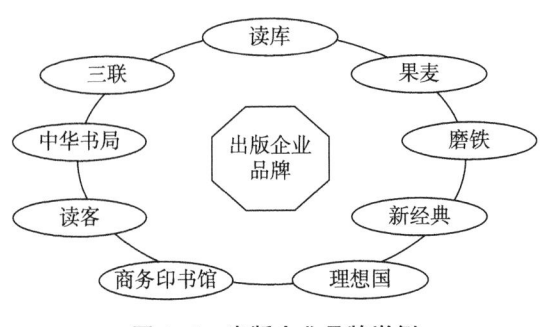

图 4-1　出版企业品牌举例

出版产品品牌，是出版企业重点打造、深受读者认同且在业内有较大影响力的优质出版产品。例如，上海译文出版社的"译文纪实"、广西师范大学出版社的理想国译丛"M"书系、春风文艺出版社反映当代都市生活的长篇小说系列"布老虎丛书"以及长江文艺出版社于新旧世纪之交推出的中短篇小说选集"跨世纪文丛"等，都是为消费者所熟知且有口皆碑的出版产品品牌。

作者品牌，是指知名的、有影响力的作者，他们是出版企业极力争取合作的对象。早在2014年，果麦总裁瞿洪斌在分享果麦文化的运营经验时就提到"金字塔法则"。"金字塔法则"是美国麦肯锡咨询公司的高效工作法则，果麦文化将它运用于出版行业，在企业运营中突出打造重点项目。坚信只有做好了重点项目，企业的基本运营才能够维持。所谓的"重点项目"，就是出版知名作者的作品，以作者为核心打造重点项目，以作者品牌推动企业的发展。当时，韩寒、易中天、安意如、冯唐、严歌苓以及翻译李继宏是果麦重点打造的六座"金字塔"，这六座"金字塔"占果麦所有图书产品90%以上的份额，同时也成为果麦在业内成为具有一定影响力品牌的重要元素。此后，果麦又继续签约了张皓宸、蔡崇达、杨红樱、凯叔、李筱懿等重量级作家。这些作者品牌为果麦的发展不断注入新的动能。

二、出版企业的品牌形象

出版产品品牌也好，作者品牌也好，最终都是为出版企业品牌的建构而服务的。换句话说，也就是出版企业品牌的建构涵盖了出版产品品牌和作者品牌这两个要素。因此，本讲关于"出版品牌"的探讨，将落脚到如何打造"出版企业品牌"。当越来越多的出版企业开始重视品牌，开始着手建构品牌时，它们在本质上是在做一件事情，即在市场竞争中树立本企业的品牌形象。

品牌形象的概念在20世纪50年代被提出，品牌形象理论的系统建立来源于广告大师大卫·奥格威于20世纪60年代出版的《一个广告人的自白》。它的核心理念是："最终决定品牌的市场地位的是品牌总体上的性格，而不是产品间微不足道的差异"，"致力在广告上树立明确突出性格的品牌形象的厂商会在市场上获得较大的占有率和利润"。❶ 尽管这一理论诞生于广告业，但对于出版业来说同样适用。出版企业的品牌形象会直接影响读者对它的认知和接受程度，进而影响其产品的销售和利润。

（一）出版企业品牌形象构成的关键：符号

哲学家卡西尔曾说，"人是符号的动物"。人类创造符号，使用符号，透过符号认识世界和改造世界。我们的生活与各种符号密切相关。可以说，符号是一切内容的载体，是意义产生的源泉。

举个例子来说。读客公司出版的《藏地密码》一书，将"西藏彩条"这一符号元素运用到书脊设计。鲜艳的色彩使得书籍放置在货架上格外显眼，强烈的视觉冲击力使读者一眼就能看到。同时，彩条是西藏的文化符号，它将读者的认知在第一时间与西藏联系在一起，极大地降低了传播的成本，同时还能提升此书的市场传播效果。这就是一个显著的文化符号所能产生的积极作用。

符号分为两种：语言符号和非语言符号。两者具有不同的符号意义生成方式。语言符号是人类认识符号的开端。语言学家索绪尔指出，符号具有能指和所指的双重概念。罗兰·巴尔特用意指将能指和所指结合起来。他认为："符号是音响、视像等的一块（双面）切片。意指则可以被理解为一个过程，它是能指和所指的整合行为，它的产物是符号。"❷ 这是符号意义生成的第一个层面。比如说，树是一种以木质枝杆为主体的叶本植物。无论是何种语境，无论是谁做解释，"树"就是这个意思，不会改变。

---

❶ ［美］大卫·奥格威著，林桦译：《一个广告人的自白》，第92页，北京，中国友谊出版公司，1991年版。

❷ ［法］罗兰·巴尔特著，李幼蒸译：《符号学原理》，第39页，北京，生活·读书·新知三联书店，1999年版。

谈及非语言符号，皮尔士认为，符号就是"在某些方面或某种能力上相对于某人而代表某物的东西"。❶ 非语言符号的意义生成必须有受众的参与，通过受众的解读才能使其意义得以展现。这是符号意义生成的第二个层面。

比如，读客图书的品牌标识——醒目的橙色背景上一只憨态可掬的大熊猫正在阅读，大熊猫图案就是一个非语言符号，在消费者的头脑中它所指代的对象就是读客公司的图书产品。

显然，出版企业的品牌形象建立在非语言符号基础之上，当属符号意义生成的第二层面。因为品牌一旦形成就是属于全社会的，它的解释权也归属全社会。品牌的意义生成必须依赖于读者的参与和解读。只有读者参与解读，出版企业的品牌形象才能产生意义。

（二）出版企业品牌形象的构成：视觉形象和文化形象

品牌的非语言符号包含有形内容和无形内容。有形内容是品牌的名称、标识和包装等，它们把产品或服务提供给消费者的功用性满足与品牌紧密联系在一起。比如，法拉利的标识是一匹飞奔的骏马，消费者很容易将它与飞驰的汽车联系在一起。无形内容是品牌性格、品牌文化或品牌理念等，它们是营销者赋予品牌的并为消费者所感知和接受的个性特征。

出版企业的品牌形象亦是如此。具体来说，它包括品牌的视觉形象和文化形象。出版企业品牌的视觉形象是读者能够感受到的最直观的形象，它需要通过一系列的视觉符号来建构，包括可见的品牌名称、出版产品的装帧设计和出版单位的品牌标识等。出版企业品牌的文化形象是读者通过长期品牌接触才能够感受到的企业文化理念和内涵，需要长时间的积淀才能形成相对稳定的形象特征。出版企业的文化形象需要通过对其出版人、出版产品及其品牌作者的文化符号打造来建立。

在出版企业品牌形象建构的过程中，必须树立符号意识。只有充分发

---

❶ ［法］艾柯著，卢德平译：《符号学原理》，北京，中国人民大学出版社，1990年版。

挥符号的核心价值,才能使读者对出版企业的产品和文化理念产生相对稳定的联想、体验、感受和态度,由此形成对出版企业品牌的整合统一认知,提升出版企业品牌的社会传播力。

(三) 视觉符号和文化符号在出版企业品牌形象建构中的重要意义

视觉符号在出版企业品牌形象建构中的核心价值,在于以独特的符号外观设计在第一时间从视觉上吸引读者,进而通过符号设计将品牌内涵传达给读者,使其在读者心目中占据一定的位置,形成深刻印象,为企业文化的进一步传播带来契机。例如,三联书店的标识设计为一个椭圆图案(见图4-2)。图中展现三个人正挥锄扬镐进行开垦,图右上方有一颗五角星。三联书店出版的书以扩充人们的知识和鼓舞人们的精神而著称,这个标识恰好寓意着读者在知识的土地上辛勤劳作,星星则代表着黎明与进步。这一视觉符号深刻蕴含着三联书店的企业文化,它将企业的文化理念生动凝练地表达出来。

图4-2 三联书店标识

文化符号在出版企业品牌形象建构中的核心价值在于表现品牌的文化价值和精神内涵,使读者能够产生共鸣,增强对出版企业的认同感,提升美誉度和信任度。仍以三联书店为例。前文已阐述其视觉符号的积极影响,而在文化符号这一层面,它更是为三联书店带来了巨大的成功。三联书店的文化象征非常鲜明,被称为"中国知识分子的精神家园"。"文化生活译丛""现代西方学术文库"等系列出版产品的推出,无一不体现出其强烈的家国情怀和人文关怀,"人文化"已成为三联书店在读者心目中稳定的品牌个性，这一品牌形象也就深入了读者的内心。

再如，无论时代怎样变化，中华书局始终坚守"守正出新"的品牌口号，即使专业读者分流至大众市场，其古籍整理的百年基业未曾动摇，事业发展始终围绕着传统学术进行。迄今，中华书局已经形成"中华经典名著全本全注全译丛书""中华国学文库""中华经典指掌文库""国民阅读经典"等诸多系列，这些系列图书体现着中华书局"守正出新"的文化形象，而"古籍整理"这一品牌印象也深深烙印在了读者心中。

由此可见，出版企业若只是具有高辨识度的视觉符号还远远不够，它还必须拥有优秀且独特的文化符号，建构独一无二的品牌文化，塑造鲜明的品牌形象，才可能拥有长远的发展。

第二节　出版企业品牌形象的建构

基于符号在出版企业品牌形象建构中的重要意义，出版企业必须提升对品牌符号重要性的认知，将打造独特的出版企业品牌符号作为品牌建构的重要路径。本节将从视觉符号形象和文化符号形象两个方面探讨出版企业品牌形象的建构。

一、出版企业品牌视觉符号形象的建构

读者对出版企业的品牌形象认知，第一印象大多来自品牌标识和出版产品的外观形象。不同的图案或色彩，可能产生不同的心理反应和识别效果。因此，出版企业品牌视觉符号要达到的最重要的目的就是吸引读者目光，在短时间内扩大品牌的知名度。当读者看到一个外在形象，就能联想到某个品牌或产品，这样的视觉符号就是成功的。比如，我们一看到五环标志，就联想到奥运会，说明奥运五环已深入人心，能产生深刻的记忆度和认同感。出版企业品牌的视觉符号设计也应以达到这样的传播效果作为目标。具体来讲，视觉符号形象的建构主要从出版企业的标识设计以及出

版产品的装帧设计两个方面进行。

(一) 出版企业的品牌标识

标识作为品牌视觉形象的重要组成部分，具有形象识别、信用保证、信息传播、法律保护、文化宣传、外观美化等功能。出版企业的标识在具有这些基本功能的同时，它还可以有效传达其出版理念，表达出版企业的精神内涵。

国内出版企业的品牌标识设计大致有以下三类：一是以书本为造型，如上海人民出版社、人民邮电出版社等；二是以植物或动物作为素材，如人民教育出版社、海豚出版社、海燕出版社等；三是以拼音、汉字等为素材，如中信出版社；四是以建筑物主体为素材，如外语教学与研究出版社（见图4-3）。

图4-3 不同出版企业的标识设计

任何一家出版企业，标识都是品牌形象的脸面。一个成功的标识设计是品牌形象得以树立的前提。纵观很多形象特征突出的出版企业，都有其独特的标识设计（见图4-4）。例如，企鹅出版公司的企鹅商标形象被评为出版界最受喜爱的商标之一。它选择灵动且高贵的企鹅作为主体形象，与企鹅平装书的定位相契合，既活泼生动又充满知识趣味。企鹅出版公司的这一品牌标识在发展中不断更新完善，但始终以企鹅作为主体，确保了品牌形象的一致性和延续性。人民教育出版社的标识设计为用手托举幼苗的图案，非常符合其以教育类图书为主要产品的出版特色。手象征着人教社,幼苗就是学生读者,传递出人教社"编书育少年,启智慧人生"的品牌形象。中华书局的标识设计是书本与汉字的结合,其中汉字为印章体篆书"中华"二字,既能表现出版产品出自中华书局,又能体现中华书局以古籍出版为优势的品牌形象。

图 4-4　企鹅出版公司、中华书局及人民教育出版社的 Logo 设计

出版企业成功的标识设计,图案大多十分简洁、生动和美观,并且一定能够与自身的出版特点和品牌文化紧密结合。但是,目前国内多数出版企业对标识设计并未重视,标识符号仍显平庸呆板,甚至一些出版企业的标识存在雷同现象,缺乏鲜明形象,辨识度低,很难被读者记住。这对于品牌形象的塑造非常不利。要解决这个问题,出版企业应做到以下几点:首先,出版企业需明确自身的出版特点和品牌文化,进行形象定位,在此基础上设计标识符号,尽量契合品牌想要传达的文化理念;其次,标识符号的设计要简洁明了,辨识度要高,便于读者的接受与记忆;最后,出版企业的标识若需更新,一定注意要具有前后一致性或传承关系。变化可以有,但是要注意变化中的延续性,且标识符号所承载的文化内涵是不能随意改变的。

(二) 出版产品的装帧设计

一本书拿在手上,仅看一眼整体设计,有读者就会说"这是三联书店的书",或说"这不是三联书店的书"。这样的判断,凭借的就是对三联书店图书整体设计形象的认知。毫无疑问,出版产品是读者识别某一个出版企业最主要、最直接的渠道。因此,出版产品的装帧设计也是出版企业形象符号设计中必不可少的组成部分。对于一家出版企业来说,为了塑造稳定的品牌形象，打造品牌效应，书籍装帧设计应坚持长效统一的设计风格，书籍整体形象应加以整合，有些时候需要根据单本或系列图书的特点进行装帧设计的定制。例如，企鹅出版公司统一的设计风格就具有极高的辨识度和视觉冲击力（见图4-5）。

图4-5　企鹅出版公司"三个水平格子"的装帧方式

企鹅出版公司的装帧设计采用三个水平格子上中下排列的方法，并在封面印上大大的企鹅标识。虽然设计简单，但鲜艳的色调具有极强的视觉冲击力。橘色是小说，深蓝色是自传，红色是戏剧……当系列图书放置在一起时，效果更加突出，能在短时间内迅速抓住读者的眼球。❶

装帧设计作为视觉符号的重要组成，其传播力对于出版产品的销售来说意义重大。同时，装帧设计也是视觉形象符号建构的难点。好的设计需要在准确把握出版产品核心内容的基础上，用精准的符号去体现核心内容。除了突出的设计能力，更需要出版人对内容的整体把控以及选择合适的符号元素进行形象表达。

二、出版企业品牌文化符号形象的建构

出版企业品牌的文化形象靠什么来塑造？它离不开出版人、作者以及他们共同打造的出版产品。一家出版企业，它的文化形象是由其灵魂出版人、品牌作者和最具代表性和影响力的那些出版产品共同呈现的。三者都要与出版企业的品牌文化内核相契合，共同成为企业品牌形象的代言人，

---

❶ 高洁：《"企鹅"书籍设计在品牌传播中的身份构建研究》，浙江工商大学硕士论文，2017年。

成为其标志性符号。出版企业品牌文化符号形象的建构就要围绕这三个层面来进行。

(一) 品牌出版人

出版人,尤其是一家企业的灵魂出版人,从某种意义上说就是出版企业的品牌形象代言人。他们用出版的优秀作品为企业文化做注解,用自身的文化气质和文化品位为企业品牌文化做代言。当前,我国有很多活跃在不同出版领域的优秀出版人,他们所引领的企业文化和品牌个性差异明显,各具特色,但无疑都是所在出版企业不可缺少的符号式人物。

三联书店被称为"知识分子的精神家园",因为它一直坚守文化品格和知识分子立场。在读者的印象中,三联书店一向注重思想启蒙,开启民智。它的标志性产品《第三次浪潮》《宽容》《异端的权利》等都是思想性很强的著作。三联书店将思想性作为它的图书的灵魂,这是三联书店的品牌定位,它在读者脑海中的品牌形象也是以此为认知核心的。著名出版人李昕先生,作为三联书店前总编辑,也始终践行三联书店的这一品牌理念,始终坚持做文化的坚守者与传承者,正如他所说——"这个传统相当重要,关系到三联何以是三联。"❶ 在李昕的带领下,三联书店一直坚守"人文精神、思想智慧"的文化理念,策划了《邓小平时代》《巨流河》《王鼎钧回忆录四部曲》等一系列影响力巨大的图书,以较高的编校品质和学术水准引领着文化潮流。作为三联书店的领军人,李昕也成为三联书店品牌的一个标志性文化符号,他通过一本本好书的出版,践行并传承着三联书店的精神传统。

华楠,曾经经营一家广告公司,后来成为上海读客图书有限公司创始人。因读客"给传统书业带来全新的快速消费品营销模式和生产方式",华楠被评为"2009中国年度出版人"。以全新商业模式打造畅销书是华楠在出版业的生存之道,也是读客独树一帜的品牌形象。这与华楠在广告业

---

❶ 李昕著:《做书——感悟与理念》,第308页,北京,商务印书馆,2015年版。

的从业经历是分不开的,快消品的营销思维深刻影响着他,也直接影响着读客图书的选题策划和营销。无论是《藏地密码》还是《岛上书店》,读客都通过超级符号话语体系进行大力推广,反响很大。"如果人类不曾发明'品牌'这个词,用'符号'来表达或许更准确些。"❶ 这句话足以体现华楠对符号之于品牌重要性的认识。他强调要像卖牙膏一样去销售图书。虽然这种将快消品营销理念移植到图书销售的做法并未得到出版界的广泛认同,但是读客运作畅销书的能力早已通过其业绩得以证明。在读者脑海中,读客就是做畅销书的,读客的图书营销风格是独树一帜的,甚至一看到图书整体包装设计,就知道这是读客的产品。作为掌门人,华楠的符号意义由此显得格外突出。他的出版理念和营销风格直接影响着读客在读者心目中的品牌形象。

出版人的为人行事风格直接关系到他会选什么样的题、会与哪位作者合作以及用何种方式进行图书的宣传推广。某种程度上来说,一家出版企业的灵魂出版人深刻影响着该企业的文化气质和品位。出版人是作为品牌的重要文化符号而存在的。但是目前国内出版业仍然缺少优秀出版人,出版企业的灵魂出版人匮乏也是不可忽视的行业现状。

(二) 品牌出版产品

作为文化形象的重要符号,品牌出版产品是"形象工程",它是出版企业品牌文化得以向读者进行展示交流的最重要的渠道。此处探讨的主要是系列出版产品。同一系列的书籍通常是一个大选题下的不同分支,拥有同一主题、同一体裁和同一装帧形式的单品系列的集合,其内容丰富多样,出版形式趋向统一,读者群体的稳定性和集中性更强,更有利于树立出版企业的品牌形象。如商务印书馆的"汉译世界学术名著丛书"系列,三联书店出版的《三联·哈佛燕京学术丛书》系列。与单本图书畅销存在的偶然性相比,系列图书分量更重,更强调用品质说话,有利于维护和巩

---

❶ 华杉、华楠著:《超级符号就是超级创意》,第5页,天津,天津人民出版社,2014年版。

固其出版企业在读者心目中的重要位置。

上海译文出版社以翻译和传播世界优秀文化为己任,它打造的"译文纪实"品牌系列影响力很大,是引进类、非虚构类优秀纪实作品的集合。目前该系列囊括了包括《寻路中国》《打工女孩》《两个故宫的离合》等多部外国作者审视中国社会发展变迁的纪实文学。该品牌的策划人张吉人曾说道:"译文纪实"品牌并非仅仅通过外国人的眼睛审视中国,而是通过故事记录真实。让读者看到真实的世界,这与上海译文"译介和传播世界各民族优秀文化"的企业文化理念是完全契合的。当"译文纪实"成为上海译文出版社的品牌产品,成为读者喜爱的纪实文学,它也就成为上海译文出版社的一个有影响力的文化符号,在竞争激烈的出版市场中为该企业代言。

商务印书馆自1897年成立以来,就肩负着"开启民智、昌明教育"的出版重任,曾组织编撰了"万有文库""大学丛书"等大型系列图书。进入21世纪,"汉译世界学术名著丛书"成为商务印书馆最著名的社科丛书品牌。这套丛书按照时间年限划分,主要包括哲学、历史地理、政治法律社会、经济和语言学等系列,将国外丰富精深的学术思想引入中国,是改革开放以来规模最大、品格卓越的一套汉译思想译丛。胡乔木赞许其为"对我国学术文化有基本建设意义的重大工程"。如此重磅的文化食粮,当之无愧成为商务印书馆一枚闪亮的符号标签,成为其出版理念的载体,在广泛地传播中塑造并不断深化商务印书馆"开启民智、昌明教育"的品牌形象。

无论是上海译文出版社还是商务印书馆,可以发现优秀的产品必然与出版企业的文化内涵和出版理念相一致。出版企业的品牌文化在影响着出版产品的方方面面,包括产品内容、产品读者等等。出版产品作为文化符号,也要反映出版企业的文化内涵。优秀的出版企业一定拥有品质过硬且具有相同文化气质的产品,它们无时无刻不在维护着出版企业的品牌形象。

(三) 品牌作者

除了出版人、出版产品，在品牌文化符号形象建构中也不能忽视品牌作者。谈到品牌作者，理想国"以作者为中心"的出版策略值得一谈。

理想国是近年来我国颇具影响力的出版品牌之一。"想象另一种可能"是很多读者都耳熟能详的品牌口号。理想国的品牌理念正在于此：它总是保持着对一个理想社会的期待，用开放的眼光看待世界的丰富性和复杂性，想象另一种可能的存在。这样的文化理念吸引了一大批具有相同价值观念和文化品格的作者。如其官网所言：它不仅是一家致力于开启民智的出版机构，以优质文字与思想关怀着人与时代。它更是一个充满活力的社群，聚集着众多学者、作家、艺术家。他们在这里与公众交换经验、观察与思考。

理想国的作者群包括陈丹青、梁文道、木心、龙应台、白先勇、史景迁等近百位各个领域的重要人物。他们都具有较为深厚的文化底蕴，且拥有独特的文化气质和个人形象，同时他们也愿意与读者分享自己对所处时代的观察与思考。以陈丹青为例，作为画家、作家，他始终具有一种优雅而朴素、睿智而率真的气质。无论是画作还是文字都透着一股清新、飞扬和俊逸之感。他独有的文人气质和飘逸的创作风格与理想国"想象另一种可能"的文化理念相得益彰。因此，作为理想国的签约作者，他已成为其重要的文化符号。在很多场合，陈丹青都愿意为理想国代言，甚至在理想国策划的文化视频类节目《看理想》中也开设专栏，为读者解读艺术与生活。

出版人与签约作者之间的相互欣赏、信任及由此带来的稳固合作关系，是理想国一直以来得以惠及读者和社会的丰厚文化资产。很多作者与理想国之间始终保持着非常紧密的联系。出版之外，理想国举办的各种论坛、讲座、沙龙或读书会，都会有作者帮忙组织和参与。读者和这样一群作者打交道，又怎能感受不到理想国一以贯之的"用文学和艺术关怀时代"的品牌形象？因此，出版企业对其作者群体要有细致的规划，要尽可能为作者着想，保持与他们持久良好的合作关系，让他们愿意成为文化符号，为出版产品代言，为企业代言。

需要强调的是，建立出版企业品牌符号体系，是出版企业品牌整体建构的一项基础工程，它需要不同专业人才精诚协作才能顺利完成。围绕"符号"建构出版企业的品牌形象既有理论可依，又有章法可循。以符号系统为核心建构出版企业的品牌形象，有利于形象的整体塑造和整合传播，也有利于品牌形象的延伸和管理。

第三节　出版企业品牌形象的传播

品牌的建构，概括来说需要两个必不可少的连续性运作环节，其一是品牌的符号化，其二是符号的社会化。出版企业的品牌建构同样遵循这一规律。上一节围绕品牌的符号化，探讨了围绕视觉符号和文化符号建构出版企业品牌形象的具体路径。本节将聚焦出版企业所打造的符号的社会化传播。符号，从诞生之初就肩负着重要的传播使命。只有把能够代表出版企业品牌形象的符号广泛传播出去，完成它们的社会化过程，才能真正地为出版企业树立鲜明的品牌形象，凭借这样的形象更好地参与市场竞争。

出版企业品牌符号的社会化传播，主要通过三条路径达成：其一，通过公关和广告完成品牌符号的大众传播，这是一种点对面的传播；其二，通过线上社群营销完成品牌符号的精准传播，这是一种点对线的传播；其三，通过线下读者互动交流完成品牌符号的点对点传播。通过点线面三个不同层次的传播路径，出版企业可以建构一个多层次、立体化的传播体系，将其品牌符号在社会范围内进行更广泛、更深远的传播。

一、公关和广告：出版企业品牌符号的点对面传播

艾·里斯在《品牌的起源》一书中谈到推出品牌的两个理论：A 理论和 B 理论。A 理论（代表"飞机"airplane）指飞机式推出。新品牌在跑道上缓慢滑行数千英尺后，在巨大推力下飞离跑道。品牌在空中飞行一段

时间后开始加速进入巡航高度。B 理论（代表"大爆炸"big bang）指火箭飞船式推出。新品牌像火箭一样发射，然后进入轨道。广告通常以大爆炸方式将品牌推出，而公关通常要在一段长时间内展开，采用飞机式起飞方式将品牌带入大众视野。❶

公关和广告，是品牌进行大众传播的两翼，缺一不可。但近 20 年来，公关在很多时候已成为打造品牌的最大力量，比如红牛、星巴克、沃尔玛等知名品牌几乎都是没有依靠广告就建立起来的。一个普遍的观点是，公关能够提供让品牌进入消费者心智的可信度，而广告应该在品牌通过公关建立起来后进行品牌维护。

然而，目前我国的大多数出版企业，广告意识强于公关意识。出版产品的广告并不少见，但公关传播并未受到重视。事实是，出版企业如果没有好的公关传播，就无法提升企业品牌形象的识别度和影响力，很难在大众心智中占据某个位置，因而也就难以在竞争中脱颖而出。出版企业的公关策略包括宣传性公关、征询性公关、交际性公关、服务性公关和社会性公关。❷ 对于出版企业品牌符号的传播来说，宣传性公关尤为重要。宣传性公关主要是出版企业采用撰写新闻稿、深度报道、书评等软广告的形式向消费者传播出版企业的品牌形象、品牌理念和社会责任感。例如，接力出版社非常重视利用宣传性公关进行品牌形象的宣传。

打开接力出版社的官网，首页设有"接力新闻汇"栏目，随时更新新闻。仅 2018 年 3 月 19 日这一天，该栏目就发布了 19 条新闻。除了在自家官网上做宣传，接力出版社还在其他一些影响力较大的媒体上积极投放新闻。例如，在门户网站搜狐网报道该社"蓝精灵 60 岁"纪念活动的赠书仪式；2020 年 5 月 5 日通过新京报发布《2020 年博洛尼亚最佳出版社大奖公布，接力出版社获奖》的重磅新闻；2020 年 12 月在腾讯网发布《第二届接力杯金波幼儿文学奖、曹文轩儿童小说奖重奖作者　金奖十万》，使

---

❶ ［美］艾·里斯、劳拉·里斯著，寿雯译：《品牌的起源》，第 246 页，北京，机械工业出版社，2014 年版。

❷ 张文红主编：《出版概论》，第 317 页，北京，高等教育出版社，2017 年版。

得接力出版社创设的"双奖"品牌受到更加广泛的关注。

接力出版社利用各种机会通过媒体展示其品牌文化符号,向大众传播其品牌理念——"让世界读者感受中国精彩,让中国读者与世界同步阅读"。在此品牌理念指引下,接力出版社引进出版了大批经典图书系列,成为大家熟知的品牌符号。截至 2019 年 10 月,"荒野求生"系列发货码洋超过 2.6 亿元,"巴巴爸爸"系列、"暮光之城"系列等套系码洋超 1 亿元,"蓝精灵""鼹鼠的故事"、岩村和朗图画书等系列的码洋超过 5000 万元。

与此同时,接力出版社也注重版权输出,积极参加各种国际图书博览会,将优秀国产青少年读物版权输出国外。2019 年接力出版社输出到英国、法国、韩国、越南等国家和地区的版权达到 118 种。《乌龟一家去看海》《走出森林的小红帽》《麻雀》以及"大头儿子和小头爸爸经典故事"等品牌产品通过版权输出方式传播到国外,并获得广泛的社会化认同。

接力出版社的社会性公关也执行有力。"社会性公关主要是通过赞助文化、教育、体育、卫生等事业,支持社区福利事业,参与国家、社区重大社会活动等形式来塑造出版企业的社会形象,提高出版企业的社会知名度和美誉度。"❶ 2018 年 8 月,在"美丽广西·少年阅读纪 山村孩子温暖阅读活动"中,接力出版社邀请邬书林、高洪波、聂震宁、金波、曹文轩、白冰、李元君、袁博、蒋锦璐等 9 人出任"阅读大使",奔赴多地山村小学进行"名家山村伴读行"支教、授课活动,为山村少年儿童的阅读做实事。接力出版社每年都邀请签约作家在全国多地开展校园活动,向山村小学捐赠名家名作。通过承办这些公益活动,接力出版社作为专业青少年读物出版机构的品牌定位和不遗余力推进青少年阅读事业的品牌形象得到了广泛的大众化传播。

当然,对于出版企业来讲,其公关活动也不只停留在媒体报道中,还包括一些更加具体而微的事件,例如拿到某个重量级选题、获得名家的版

---

❶ 张文红主编:《出版概论》,第 318 页,北京,高等教育出版社,2017 年版。

权或积极参加图书评选等。比如，参评"中国最美的书"，如果得到提名甚至获奖，就可以大大提高产品及出版企业的知名度，甚至促成读者认同该出版企业的文化理念。如三联书店出版齐邦媛的《巨流河》一书，起初并未做过多宣传，一年只不过卖了8000册。但是由于入选了2010年深圳读书月"十大好书"和新浪"十大好书"，引发读者关注。《巨流河》本身深刻的文化内涵与三联书店家国情怀和人文关怀的出版理念相契合，符合三联书店目标读者的审美，因而之后加印多次，销售总量累计在20万册以上。❶

出版企业的公关策略在其品牌形象的社会化传播过程中固然十分重要，但是它仍然不能完全取代广告。实际上，通常在出版企业的新产品上市时，广告是其营销策略中运用频次最高的推广手段。关于广告在后续章节中将进行深入论述。

二、社会化媒体营销——出版企业品牌符号的点对线传播

相较于公关和广告的大众传播方式，社会化媒体营销更侧重于利用社群能够集合共性人群的特性来完成品牌符号针对目标消费群体的更精准传播。公关和广告是个大喇叭，主要用于扩大企业品牌的知名度，而社会化媒体营销，更像是高品质的耳机，将信息直接送达目标个体，塑造并增加品牌的美誉度。

概括来说，社会化媒体营销的方式主要有以下四种：第一是通过移动终端进行线上社群互动，如利用微信公众号、微博、App等；第二是社群营销；第三是网络直播；第四是利用短视频平台进行短视频营销。通过这些方式，出版企业将视觉和文化符号传播出去，建立较为稳定的读者群，进而完成对读者群的管理和维护，从而促进读者群的不断发展与壮大，增加出版企业的美誉度，最终形成良好口碑，达到口碑营销的目的，让更多读者认同企业的出版文化和品牌理念。

---

❶ 李昕著：《做书——感悟与理念》，第73页，北京，商务印书馆，2015年版。

通过线上社群互动进行传播，磨铁的做法值得学习。磨铁向来重视图书产品的营销，也打造了诸多畅销书，如《明朝那些事》《盗墓笔记》《诛仙》等。磨铁图书注重内容的精细化运营，不论是公众号还是微博，都有专人运营管理内容平台。如旗下财经图书品牌——黑天鹅图书公众号的内容设置功能突出：文章来源主要是图书出版信息以及其他平台的与其旗下图书有一定相关度的爆款文章，文章下会附有图书照片；磨铁阅读公众号会将磨铁中文网中的优秀小说的精华内容配合具有吸引力的标题发表出来，从而吸引读者的阅读以及购买。由于内容都是干货，这一类文章的阅读量普遍都在1万以上，吸引了不少流量。磨铁的微博营销则关注当下的热点话题，以热点带动图书的热度。除此之外磨铁也会定期开展线下活动，这些方式相互配合有利于维护读者黏度。

以磨铁的《诛仙2》为例。❶《诛仙2》的线上营销渠道包括磨铁网、磨铁官方微博（包括磨铁图书第四编辑中心、磨铁中文网、磨铁图书）以及非磨铁自控但可以利用的线上渠道如作者萧鼎的新浪微博、百度贴吧（如诛仙吧）、QQ群等，以及出售实体书的线上渠道包括当当、京东、天猫上的磨铁图书专营店。在《诛仙2》正式上线以及出版之前，磨铁会授意作者在自己的新浪微博上发博文"预热"，引发老读者的关注；而磨铁自身则会发布读者与作者萧鼎的互动活动公告，引发新一轮的关注热度。线上更新后，磨铁将《诛仙2》放在磨铁网首页进行重点宣传，并在新浪微博上发布其更新消息，之后为了配合移动端的阅读，发布移动阅读地址。此外，线下配合广告宣传（主要是图书推介语）、线下作者签售等方式，吸引新老读者的目光，不断扩大《诛仙2》的关注度。

谈到出版企业文化符号的线上社群传播，理想国这一出版品牌打造的"看理想"栏目正是因此而诞生。理想国于2015年推出"看理想"，它与理想国想传达的文化理念一脉相承，把有价值的思想与观念公之于众，来关怀时代的精神生活与公共价值。正如前文所提到的，理想国与其作者之间始终保持着一种紧密的联系，这也是理想国的许多资深作家加入"看理

---

❶ 万琴敏：《我国民营出版企业新媒体营销策略研究——以磨铁图书为例》，北京印刷学院硕士论文，2016年。

想"的原因,如知识分子陈丹青、导演贾樟柯以及广播人马世芳等。这些影像语言通过文学、绘画和音乐传递出来,汇集了智慧、美和善的力量。从文字扩展到影像,一个"属于理性,理念及理想"的共同体在成长扩大。理想国和"看理想"成为人们相互识别的一个密码。可以说"看理想"是理想国的文化延续,让更多人知道理想国坚持"想象另一种可能",一直以开放的姿态,丰富的想象,构建对理想社会的期待。"看理想"通过线上视频的方式,传递了理想国的文化,传播了它的文化符号,让更多受众了解并认可它的理念,利用互联网,达到了最佳效果。

关于微信公众号营销和网络直播等营销方式,将在第七讲中做具体阐述。

三、线下读者交流——出版企业品牌符号的点对点传播

无论是公关和广告,还是线上社会化媒体营销,读者终究都是雾里看花,获取的都是经媒介传播的关于出版企业的各种信息,或者说都是经过筛选或包装的信息,它们也许可以接近真实,但很难达到完全真实。再声势浩大的线上营销,如果没有线下的落地执行,没有出版企业的各种品牌元素与读者生活圈的直接相遇,传播效果都必然大打折扣。应该说,出版产品是与读者相遇频次最高的出版品牌元素,它作为联结读者与出版企业的媒介而存在,但它们毕竟只是产品,无法直接表达与交流。因此,出版企业非常有必要重视打造线下与读者互动交流的空间,在这些空间里安排出版人、作者、编辑等企业品牌形象的代表人与读者见面交流,让读者对出版企业产生更加直观的、真切的和深入的感受。这种出版企业品牌符号的点对点传播在品牌的社会化传播中必不可少。具体来说,出版企业的线下读者交流活动形式主要有:图书展会、图书讲座或论坛、出版企业的读书会、线下分享会等。

以图书展会为例。每年8月举办的北京国际图书博览会为出版企业提供了一个品牌形象传播的良好契机。在展台林立的场馆里,出版企业首先会考虑如何从视觉上形成第一吸引力,将读者目光吸引到自己的展台。视

觉符号的传播在此时显得格外重要。在展会的布置上，出版企业会将品牌标识及近期主推图书放在显眼位置，布展采用的装饰设计包括颜色等要素都与企业的标识甚至是企业的文化风格相契合。比如主要出版青少年或者儿童读物的出版企业，颜色上一定会以亮丽鲜艳的色彩为主，展台的整体风格一定是活泼的。如接力出版社的书展展台就以鲜亮的红色和黄色为主色调，契合其品牌标识和读者定位，一眼能够识别。在博览会期间，各大出版企业的总编辑、知名出版人或是知名签约作者，会以论坛发言、讲座、图书编辑分享会、作者分享等形式露面，与读者进行现场交流。

读书会、图书论坛更多的则是传达出版企业文化内涵的一种手段。读书会上推荐探讨的图书一定是企业的精品图书，会上有名家的剖析和讲解，也一定有读者就书中的核心内容和读后感受进行更深入的探讨。这样通过读书会，一方面可以稳固旧的读者群，另一方面又可以图书为纽带甚至读书会上提到的文化理念吸引新的读者加入，这样更有利于将出版企业的文化符号传达给受众。

例如，许知远等文化公知创办的单向街书店，致力于提供智力、思想和文化生活的公共空间。"现在很难找到一家像单向街一样，在一个自由开放、绿树环抱的场所读书，能与顶级作家、编辑、导演、音乐人一起交流。"人们这样来评价它。而每周聚拢人气的免费文化沙龙，正是单向街书店有着良好口碑的一个重要原因。沙龙主讲人有评论家、乐评人、作家、导演、戏剧工作者等，如陈丹青、梁晓声、洪晃、严歌苓等，他们都曾是沙龙主讲嘉宾。沙龙形式从诗歌朗诵到电影研讨，从新书签售到公益画展，内容十分丰富。这样的线下读者交流，能够让读者真正感受到人与人之间思想碰撞的快乐，这是其他任何方式都无法替代的。例如，书店曾举办一期沙龙，主题为"消失的时光：不再被提起的音乐往事"，是关于《来自民间的叛逆：美国民歌传奇》这本书的首次线下分享会。作者袁越和读库主编张立宪作为嘉宾，与读者分享波澜壮阔的文化秘史。活动限100名读者参加，免费但需要预先报名。从受众细分层面来看，这样的线下读者交流用一种更为便利且精准的方式筛选出了出版企业的目标读者群，他们是企业的忠实粉丝，同时也是企业需要重点维系关系的读者群体。

最后要强调的是，出版企业在品牌符号社会化传播的过程中，应该注重整合性与统一性。也就是说，优秀的品牌出版企业，无论是出版人、出版产品还是作者都应该体现出相同的文化理念，散发出相同的文化气息，再辅以与之相契合的品牌标识和图书装帧设计。当读者能够从以上三类不同的传播渠道获取关于出版企业一致的品牌信息时，该企业的品牌定位、品牌理念、品牌个性就能够在读者头脑中逐渐变得清晰起来，直到打下深刻的烙印，形成品牌印象。

第五讲　出版价格策略

导入材料

书到底贵不贵,一直是大家争论的话题。出版业内人士觉得书太便宜,读者却觉得书太贵。中金易云大数据平台发布的2019上半年实体书店数据报告显示,2019年上半年新书平均定价31.7元。这个价格算贵吗?带着这个疑问,记者在2019上海书展上进行采访。❶

业内人士:价格不算高

绝大多数出版业从业者认为,现在图书的价格并不算高。

"一般图书定价在三四十元,也就是喝杯咖啡或看场电影的价格。如果不谈精神属性,仅从时间上来说,一本书的阅读时间少则几天多则数月,但看一场电影前后也就两个小时。"一位不愿具名的业内人士告诉记者。

如果与不同国家和地区做比较的话,美国一本图书定价折合人民币约150元,中国台湾和中国香港出版的图书折合人民币约60元,而日韩的图书定价也都在60元人民币之上。如此来看,目前在中国大陆出版的图书并不算贵。

在互联网公司工作的宋女士表示,很多图书网站都有活动,所以总体并不贵,不然也不会"买书如山倒"。"各个网站折扣以后的书感觉总体都很便宜,而且对比境外的价格,感觉境内图书的定价太良心了。"

---

❶ 柴一森:《现在买书是贵了还是便宜了　今年上半年新书平均定价31.7元》,东方网,2019-08-20,http://sh.eastday.com/m/20190820/u1ai12766918.html。

读者：经常买有压力

然而，从消费者的角度来看，大部分人觉得书还是太贵了。

定价动辄三十多元，甚至四五十元，尤其对于尚未工作的学生群体来说，这个价位还是偏高了。记者在采访中发现，有不少学生群体，碍于书太贵，只能通过淘宝、当当网等电商平台去买一些打折书。

如果把图书定价占人均收入比重与境外相比，目前境内图书平均定价为 31.7 元，2018 年我国人均可支配收入 28228 元，单本图书的定价是总收入的 11/10000。美国图书的定价在 20 美元左右，如果以 2017 年美国人均可支配收入 45480 美元，单本图书定价是总收入的 4.3/10000，前者是后者的 2.5 倍。如此看来，境内图书定价并不便宜。

"我觉得现在的图书定价，如果要经常买的话，还是很有压力的。"在广告公司工作的黄女士告诉记者，平时主要买平面设计和广告类的书，就会去豆瓣或者知乎上找找这类书的推荐或评价，"不过很多时候我想看的那本书并不是我最后买下来的那本，主要原因就是价格。"

要让更多人享受阅读

在业内人士看来，图书制作和销售周期长、无法工业化大规模生产、资本周转率低等，都是造成图书成本高昂的原因。

不过，图书是一种特殊商品，其精神价值要远远大于成本价值。在上海世纪出版集团出版业务部副主任谢锦看来，对于出版人来说，卖书盈利并非最终目的，而是要培养一种全民阅读的习惯。

"包括最近火热的朵云书院，集团不光在图书内容上下功夫，也在阅读空间上下功夫，通过开设更多有特色的实体书店，为读者提供一种全新的阅读体验。"谢锦说道。

有人说，图书在装帧上应去繁为简，对此谢锦有不同的看法。她认为，图书作为一种精神文化的物质载体，在艺术形式上也同样重要，无论是读者，还是出版人，都要打破对于传统精装书和平装书的偏见。

"精装书并不等同于精品书，如果内容粗陋，再精美的设计和装帧都无法让一本书称得上有价值。"谢锦认为，不能为了追求书的精致而脱离了内容本身，而是要量体裁衣，以有价值的内容为基础，铸就一本让读者爱不释手的好书。

价格，一直以来都是影响消费者购买决策的重要因素。同时，它也是决定企业市场份额和盈利水平的最重要的因素之一。以上材料可以看出，业内人士和读者对图书价格的感知明显存在差异。设定正确的价格，是营销人员面临的最困难的任务之一。发现并实施优秀的价格策略是产品在市场上成功的关键。优秀的价格策略，有时能迎合消费需求，有时则能引导消费需求，它有时需要让消费者感觉占了便宜，有时则需要能满足消费者的自尊心甚至是虚荣心。本讲我们就来聚焦"出版产品的价格"，探究价格背后的秘密。

 学习内容

本讲主题是"出版价格策略"。通过学习，你将了解到是哪些具体因素影响着出版产品的定价，学习在不同情况下选择和运用不同的定价方法，并掌握一些在实践中经常会使用的出版产品定价策略。具体包括：

※ 定价依据

※ 定价方法

※ 定价策略

出版产品的种类繁多，本讲主要以图书作为讨论对象，分析图书的定价依据、定价方法和定价策略。

第一节　图书的定价依据

说起图书价格，消费者脑海中一定会浮现出"打折"这个词。如今大家主要通过电商平台网购，不管何种类型的图书，"折扣"是必不可少的。"逢节更低的折扣"更是消费者所期待的购书好时机。在电商价格战的倒逼下，许多以往不打折的实体书店也开始打折，甚至新华书店也不得不开始以折扣带动销售。折扣价是以图书封底的原定价格为基础的,因此图书的定价就显得格外重要。打折之后,在确保经销商利润后出版企业能否获得足够利润,消费者是否能够享受到真正的实惠,无疑都取决于图书的定价。那么,图书的定价取决于哪些因素呢？我们先来谈谈图书的定价依据(见图5-1)。

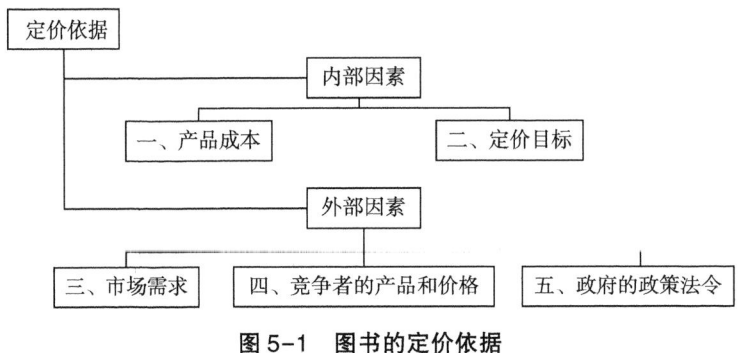

图 5-1 图书的定价依据

图书的定价依据由内部因素和外部因素组成。内部因素包括产品成本和定价目标。外部因素包括市场需求、竞争者的产品和价格以及政府的政策法令。

一、产品成本

成本是价格形成的重要依据。长期来看,价格必须能够抵偿产品成本,才能维持企业的正常运营。产品成本是定价的底线。产品成本是指出版产品在生产经营过程中所发生的各方面耗费的总和。它是出版产品价格的重要组成部分,也是出版产品定价的底线。下面,我们来梳理图书成本的构成。

图书全部成本由直接成本、间接成本和期间费用三部分构成。直接成本是指可以直接计入某种图书名下的生产费用,由稿酬和校订费、生产材料费、印刷制作费和出版损失等费用组成。间接成本是指虽与某种图书的生产有关,但难以明确计入某种图书名下而只能按一定方法分摊到各种图书的成本,如编录经费。期间费用是指在财务上不计入图书生产成本,但要直接从当期销售收入中扣除的费用,主要包括管理费用、财务费用和销售费用三大类。期间费用的多少会受到企业用于发行其全部图书的预算费用的影响。它也不与具体某种图书直接相关。出版企业一般先估算全部图书的年度总期间费用,然后均摊到每种图书上。

具体来说,图书成本主要包括作者稿酬、材料费用、印前制作费用、印制费用、发行费用和经营成本。

(一)作者稿酬

包括稿酬、翻译费、校订费以及租型费等费用。当前大多用版税法给作者计算稿酬。一般国内版税按印量付酬,国际版税按实际销量付酬。我国自 2014 年 11 月 1 日开始施行的《使用文字作品支付报酬办法》规定,我国原创作品的版税率为 3%~10%。但在实际运作中,有些畅销书作者甚至能按 20% 标准拿到版税收入。因此,版税是影响图书价格的一个非常重要的因素。

(二)材料费用

图书的制作材料主要是正文用纸和封面装帧用纸用料,一般包括纸张、油墨、纱布、胶水、线等,其中纸张成本占比最高。近些年国家加强污染治理,一些造纸厂陆续关停、搬迁或缓建,加之原材料价格上涨导致纸张供不应求,价格大幅上涨,这也是导致图书价格上涨的一个关键原因。

(三)印前制作费用

指的是图书在印刷之前的制作环节所产生的各种费用,包括编辑费、校对费、排版费、设计费、插图费、制版费等固定成本,这些费用不随图书印制数量的变化而变化。

(四)印制费用

指的是出版企业委托印刷厂加工图书的费用,主要包括印刷费和装订费。由于印刷厂设备条件、技术能力、生产能力以及图书设计工艺要求的差异，不同图书印制费用的支出波动较大。因此，编辑在策划选题时就需要确定装帧设计工艺，准确估算印制费用。

（五）发行费用

包括图书的仓储和运输费、营销费、包装费、损耗费以及经销商的折扣等。仓储和运输费用是图书成本中不可轻视的一环。仓储成本越来越高是出版业近几年面临的突出难题。2017年以来，很多北京出版机构进行库房搬迁，将北京郊区的库房搬到周边的天津、廊坊、霸州等地，目的也在于减少租金成本带来的压力。

图书销售中营销的重要性不言而喻。但每一种书能够匹配到的营销资源具有很大差异，取决于在企业全年出版计划中某种图书重要性的程度。营销经费必然向重点图书倾斜。因此，这部分费用的占比难以一概而论。

此外，出版企业利润的多少很多时候依赖于给销售商的折扣率。目前图书市场上有一种趋向：图书定价越来越高，折扣也越来越高。其中很重要的一个原因，就是销售商一般会向出版企业要求较高的折扣，出版企业为了保住利润空间只能提高图书价格。例如，2020年，在新冠肺炎疫情特殊时期兴起的"直播带货""短视频售书"等新兴网店渠道当中，低价促销是惯常营销手段，部分KOL（Key Opinion Leader，关键意见领袖，简称KOL）带货售书折扣甚至降到3.5折。这已逼近图书产品正常的硬性成本。如果不提高价格，企业就会亏本。

（六）经营成本

指的是出版企业为组织和管理生产而产生的各项支出，也可称为管理成本。包括员工工资、福利保险、办公经费、纳税、人员培训、形象宣传以及固定资产的折旧费，等等。这些支出相对固定，虽不与具体某种图书直接相关，但也会采取均摊方式计入图书成本。

图书成本构成各部分所占图书总成本的比例，大致估算如下（见表5-1）。

表 5-1　图书成本构成　　　　　单位：%

成本构成	所占比例
作者稿酬	10
材料费用	20
印前费用	5
印制费用	25
发行费用	20
经营成本	20

需要说明的是，这只是一个大致的比例情况。每一种图书因其作者、内容价值、装帧设计、营销投入甚至是投放市场时的环境都是不一样的，很多具体或偶然的因素也会改变这种比例状况。

二、定价目标

定价目标是企业通过制定价格所要达到的预期目标。对于出版企业来说，定价目标主要包括：获取利润、提升销量、赢得竞争和塑造形象。

（一）获取利润

出版企业若追求在一个较短时期内获得最大的利润，则意味着图书的高定价。一般来说，产品享有较高声誉的品牌出版企业，通过高价获取短期利润最大化的目标，是可以实现的。但是，为推动企业的可持续发展，更好的战略目标应是避免或减少短期行为，实现一定时期内的利润最大化。这种一定时期内的利润最大化取决于合理价格所带来的销售规模，因此并不意味着一定要制定高价。

（二）提升销量

在市场经济条件下，不断增加的销量比短期的高利润更加重要。有些出版企业的定价目标是大幅增加图书销量，以提高市场占有率。在此目标下，出版企业通常会制定相对低的价格，降低利润水平。但从长远来看，市场占有率的提升促使成本下降，反而能够保证较长期的利润增长。

(三) 赢得竞争

当前图书市场竞争激烈，有时为了竞争需要，图书价格可以定得很低，甚至低于成本，以低廉的价格赢得消费者。大家熟悉的"价格战"的目的即是如此。但是，价格战并不值得提倡，从长远发展来看它极大地损害了出版企业的利益。出版企业依靠优质的内容供应立足市场，满足消费者对好书的期待。可是，当没有足够的利润保障时，出版企业靠什么获取优质的内容资源呢？消费者读不到好书，一味的低价最终损害的还是消费者自身的利益。理智的出版企业应认识到，价格是为出版品质的竞争甚至是品牌的良性竞争而服务的，绝不能作为恶性竞争的工具。

(四) 塑造形象

在品质有保障的基础上，通过高价可以塑造更高端的品牌形象。这是企业深谙的品牌经营之道。出版企业在塑造产品品牌形象时，有时也会利用价格迎合消费者的心理需求。尤其当前精品纸质图书成为人们收藏或送礼的佳品，更加需要通过价格凸显其收藏价值。

商务印书馆在2009年出版《汉译世界学术名著丛书（珍藏本）》，为我国改革开放三十周年和中华人民共和国成立六十周年献礼，全套共有图书400种，490册，每套都有单独的收藏证和编码，限量发行3000套。众所周知，"汉译世界学术名著丛书"是商务印书馆最为知名的社科学术丛书品牌，它将国外丰富精深的学术思想引入中国，开拓了几代读者的视野，滋养了几代学人的情操，曾被国家领导人赞许为"对我国学术文化有基本建设意义的重大工程"。珍藏本采用软精装大32开，外封设计古典庄重，内文版式简洁大方，制作精良，装帧考究。显然，这套献礼的珍藏本定位是收藏品。丛书19800元的定价，目的正在于品牌形象的塑造。

三、市场需求

成本是产品价格的最低界限,市场需求是产品价格的最高界限。产品价格再高,只要有人愿意出这个价钱购买即是合理。若价格高出消费者能够承受的最高限,产品便无人问津。孔夫子旧书网上很多古籍图书,售价高昂,仍有大批收藏爱好者争相购买,足以说明市场需求在产品定价中的重大意义。

需求价格弹性,反映产品价格的变动在多大程度上影响需求的变动。通常用需求变动的百分比与价格变动的百分比的比值来计算。当价格发生变动时,如果需求几乎没有变动,则是需求缺乏弹性(见图5-2)。比值越小,则需求弹性越小。当价格发生变动时,如果需求的变动很大,则需求富有弹性(见图5-3)。比值越大,则需求弹性越大。

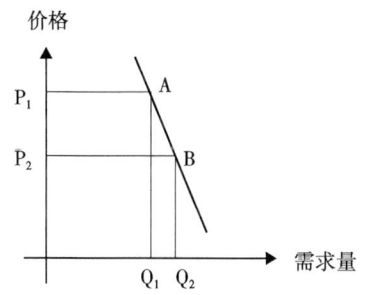

图5-2 需求缺乏弹性

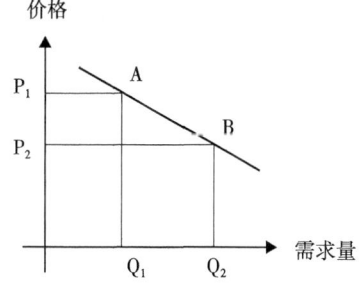

图5-3 需求富有弹性

在图书定价过程中,应充分考虑需求价格弹性这一要素。需求缺乏弹性,意味着消费者购买意愿很强,不受价格高低的制约,这样的图书可以适当提高定价。比如流量明星出版自传,粉丝的购买属刚性需求,他们不会因为图书价格高就放弃购买。需求富有弹性,意味着消费者购买意愿偏低,如果提价他们可能就会选择其他替代品购买,这样的图书就不能一味提高定价,而应以价格优势稳定读者群体,扩大销量。

同时,编辑也要充分考虑不同类型图书的需求价格弹性,以便制定科学合理的定价策略。首先,应进行充分的市场细分,通过市场细分明确不同品种类型图书的需求特点以及读者对价格的敏感程度等。然后，在市场细分的基础上，明确不同类型图书的需求价格弹性，以此制定定价策略。通常来说，对于大众类图书这类需求弹性较大的产品，应实行较低的定价策略。对于专业类图书这类需求弹性较小的产品，本身市场容量较小，市场需求也相对稳定，读者对价格的敏感度不高，可以适当以高定价的策略，获取较高的收益。

四、竞争者的产品和价格

当前图书市场竞争非常激烈，同一品种图书会出现很多不同版本，有些公版书甚至可多达数百个版本。这些同品种图书，由于内容基本一致，价格就成为重要的竞争手段。一般来说，大型的品牌出版企业往往具有较大的定价话语权，而中小型出版企业在价格竞争中处于被动，只能依从主导者价格，以求生存和发展。但有些专业的中小型出版企业也能凭借其具有独特优势的产品获得定价主导权。

从消费者的角度来看，确定购买需求后他们会在同类书之间进行比较，并偏向于选择自己认为性价比更高的产品。因此，编辑在选题策划阶段就会将选题与竞争产品进行比较，从核心内容到整体设计都需要认真考量。如果定价比竞争产品高，那么一定要向消费者给出充分的溢价理由，并将其作为营销时的卖点，使消费者愿意花更多的钱来购买产品。

五、政府的政策和法令

政府出台的关于价格的政策和法令也是出版企业的定价依据之一。出版企业必须据此明确自己的定价权限，在国家政策允许范围之内进行定价。除此之外，出版企业还需了解国家制定的非价格政策，如税收、补贴等有关经济政策，因为这些政策也会直接对图书价格产生影响。

除政府的政策法令，一些行业协会的定价制度也对定价产生影响。例如，2020年1月，德国书业协会曾一纸诉状将 eBay 告上法庭，控告其在 2019 年的圣诞季打折销售定价图书，这种打折促销和低价竞争违反了德国已有百多年历史的图书定价制度。西方国家主要有两种定价体系，即以英国、美国为代表的自由定价体系和以德国、法国、西班牙为代表的固定价格销售体系。两者都有国家层面和行业层面的理念及规则。再比如，日本以法律的形式确立出版物"再贩卖价格维持制度"，即由出版社决定出版物的零售价格，并拥有定价权，书店包括网络书店则必须按定价销售。

我国也曾尝试短暂的图书定价制度。2010年1月8日，中国出版工作者协会、中国书刊发行业协会和中国新华书店协会等三个协会，共同发布中国大陆地区图书出版发行业第一部行业规范《图书公平交易规则》，俗称"限折令"，规定出版一年内的新书进入零售市场时，必须按图书标定实价销售，网上书店销售出版一年内的新书不能低于8.5折。规则颁布的主要目的是规范图书交易行为，维护市场秩序。当时市场上高定价、低折扣图书泛滥，出版业诚信缺失，已影响到出版业深化改革和发展。❶ 但是，因为不具备法律效力、缺少惩罚措施以及与《反垄断法》的部分条款冲突，该规则实施不足八个月后被重新修改，与新书限价有关的条款全部删除，并没有达到预期效果。

在2020年全国两会上，中国出版集团有限公司董事长、党组书记谭跃，中国出版集团有限公司副总裁潘凯雄和中国出版传媒股份有限公司副总经理于殿利三位全国政协委员联合提出《关于立法规范图书零售价格竞争的提案》，呼吁尽快以立法方式制定图书交易规则，维护出版业健康发展和读者的基本权益。这一提议在全国范围内得到了各界人士的广泛支持和响应。

---

❶ 《图书"限价令"追踪：三协会将制裁违规经销商》，凤凰网，2010-01-25，http://book.ifeng.com/culture/whrd/201001/0125_7467_1524013.shtml。

第二节　图书的定价方法

消费者挑选一本书，内容和价格通常是两个重要的决定性因素。他们将一本书拿到手中，看看封面，翻翻内容，视线会转向封底右下角的那个小方框，因为"定价"显示在那里。随后，他们会在脑海中做出"值"或是"不值"的判断。这个"值"或是"不值"，恰恰是他们最终是否会购买的一个重要依据。可见，准确地为一本书进行定价，意义重大。怎样才能做到准确定价？除了全面考察图书的定价依据，还需要掌握图书的常用定价方法。出版企业采用的图书定价方法主要包括成本导向定价法、需求导向定价法和竞争导向定价法。

一、成本导向定价法

成本导向定价法，是出版企业在完全成本的基础上，再加上一定的预期利润而制定的价格。一般来说，它可以作为图书定价的基本参考依据。这种方法并不考虑消费者需求和竞争者价格，难以产生最优价格。但是，这种定价方法仍然广泛使用。因为相对于需求，出版企业对成本更加确定，通过与成本相关联，能简化定价程序。成本导向定价法具体包括以下几种方法❶：

（一）印张定价法

印张定价法，是指以一个印张作为定价基础标准来计算整本图书价格的一种定价方法。具体做法是：先根据每个印张的定价标准，按正文印张数计算出正文的价格，然后再加上封面和插页的价格，最终确定全书的价格（见表5-2）。

---

❶ 参考赵东晓编著：《出版营销学》，第155-156页，北京，中国人民大学出版社，2010年版。

图书定价=正文印张数×单印张定价+封面定价+插页定价

表5-2　印张定价法举例

书名	作者	出版社	印张/个	单印张定价/元	图书定价/元
《秦腔》	贾平凹	作家出版社	32.5	1.20	39.00
《蛙》	莫言	上海文艺出版社	22.0	1.23	27.00
《目送》	龙应台	三联书店	18.5	2.10	39.00

（二）利润倒扣法

利润倒扣法，是指以目标利润额为标准测算图书定价的方法。具体做法是：先确定该书的预期利润额，加上总的会计成本和销售折扣，计算出预期销售收入。而预期销售收入应当等于预期销售码洋，即销售册数×图书定价，从而可倒推计算出图书定价。

图书定价=预期销售收入÷图书印刷册数

（预期销售收入=图书成本+销售折扣和税金+预期利润）

（三）利润率估价法

利润率估价法，是根据出版企业已有图书的平均利润率或要求图书完成的基本利润率来估计图书定价。这种方法较适合常规性图书的定价，在能够比较准确地知道图书销量和利润的情况下合理定价。

图书定价=图书总定价÷图书印刷册数

（图书总定价=预期利润÷平均利润率）

二、需求导向定价法

需求导向定价法以消费者的需求作为定价的关键因素。消费者对产品价值的感知，决定着他们愿意为这种价值支付多少钱。这种定价方法意味着不是先有产品才有价格,而是起始于分析消费者对图书的需求和价值感知,设定与其感知的价值相匹配的价格,然后据此决定图书生产成本,设计能够以目标价格满足消费者需求的产品。

(一) 理解价值定价法

理解价值定价法,是以消费者对图书价值的认知为定价基础的定价法。图书成本不再是主要定价依据。如果消费者感觉图书有价值,即便价格远远高过成本,他们也能够接受;但如果消费者感觉图书没有价值,即便价格再低廉,甚至低过成本也不会打动消费者去购买。这是当前图书定价中较常使用的方法。

消费者通过什么判断图书价值?毫无疑问,内容永远是排在第一位的,也就是在产品整体概念中所讲到的"核心产品"。此外,图书的装帧设计、附加产品、作者、所属出版企业及其品牌价值等,都是消费者理解其价值的影响因素。比如,内容几乎没有多大差别的经典公版书,若是由大品牌的出版社推出装帧设计更具美感的收藏版,多数消费者自然会认为其价值更高,即便图书定价远高于成本,仍会有人愿意购买收藏。品牌的溢价功能也由此得以体现。

(二) 需求差异定价法

需求差异定价法,是指根据消费者需求差异和紧迫性的不同,对同一种图书确定多层次的价格。出版企业采用这种定价法有以下几种形式❶:

(1) 以图书版次为基础的差异定价。同一种图书的不同版次,确定不同的价格。

(2) 以地区为基础的差异定价。如果同一种图书在不同地区的市场需求强度不同,则可以确定不同的价格。例如,出版社同一品种图书在不同地区的发行折扣不同,在不同零售点的销售折扣也有差异。

---

❶ 参考刘吉波编著:《出版物市场营销》,第210页,北京,中国书籍出版社,2010年版。

（3）以时间为基础的差异定价。有些图书的市场需求具有周期性，不同时期需求表现有差别，这时也可以根据市场需求进行差异定价。例如，教材教辅类图书在不同时期的批发折扣有所不同。一些滞销期的图书也会加大折扣力度进行销售。

（4）以渠道为基础的差异定价。同一种图书在线上和线下不同渠道进行销售，可以确定不同的定价。在不同的线下渠道或不同的线上渠道销售的渠道定制产品，定价也具有差异性。

三、竞争导向定价法

竞争导向定价法，以市场上同类图书价格作为定价的基本依据，更多考虑的是图书市场竞争的需要。出版企业根据该图书与市场上同类产品的质量对比（包括选题角度、文字内容、作者声望、版式设计、装帧印刷等的差别）来进行图书定价，价格或高于同类图书，或低于同类图书，或者与同类图书价格持平。目的在于既要打入市场，又要获得利润，关键在于把握定价的分寸。这种定价法通常与成本定价法配合使用。

（一）随行就市定价法

随行就市定价法，是指出版企业按照行业的平均现行价格水平来定价的一种定价方法。这种方法主要适用于内容和效用相类似的图书。理由在于：行业的平均价格具有一定的合理性，据此定价可以保证自己与其他企业获得相近的利润，有效避免风险，也弱化了价格竞争，对行业整体的协调性不具有破坏性。

（二）价格领袖定价法

从定价角度来看，控制着图书市场较大份额的少数出版集团往往是图书市场的价格领袖，掌握定价的主导权，其价格水平对整个图书市场产生较大影响，其他中小出版企业只能参考这些价格领袖所确定的价格进行图书定价。

在此更想强调的是，价格领袖在图书市场中的积极影响力。领袖级出版企业应该对规范图书市场价格、建立公平有序的市场机制起到引领示范作用。尤其是在我国还没有明确的定价制度，行业协会又缺乏足够话语权的环境下，通过领袖级出版企业联盟协商的方式，寻求共识，联合建立起协调机制，以增加和零售商价格谈判时的筹码，提升议价空间，尽量规避因价格战给出版行业带来的不良影响。

第三节 图书的定价策略

在实践中，出版企业除了运用科学的定价方法之外，常常需要对价格进行一些灵活的甚至是艺术的调整。这就是定价策略。有时，合理的定价策略也能对图书产品起到明显的促销作用。

一、收益定价策略

根据预期收益水平高、中、低，相应有三种定价策略：撇脂定价策略、渗透定价策略、中位定价策略。

（一）撇脂定价策略

撇脂定价策略，是新产品上市之初，在没有同类产品竞争的情况下，将价格定在可接受价格的最高点的一种高价策略。这是一种追求短期利润最大化的定价策略。主要适用于以下几种情况：

（1）处于引入期的图书，时效性强，码洋大，目标是尽快获取高额利润。

（2）企业用价格来分割市场（高价会将一部分人排除在目标市场之外）。

（3）高价能在某种程度上限制需求，应对存货不足的情况。

需要指出的是，在消费者购买行为日趋理性的今天，采取这种定价策略要非常谨慎，否则容易影响到企业的长远发展。

(二) 渗透定价策略

与撇脂定价正好相反,渗透定价策略是在价格可行范围内采取保本微利或保本略赔的低价策略,通常低于当前竞争价格,以求尽快抢占市场份额。主要适用于生命周期长、市场潜力大、时效性弱、码洋较小的出版产品。渗透定价策略的优点在于可以迅速打开销路,增加销量,在短期内占领最大市场份额。但缺点是低价使得短期内无法获得足够利润来弥补投入,若需求不足还将面临亏损的危险。

(三) 中位定价策略

这是一种介于撇脂定价和渗透定价之间的定价策略,一般按照市场的平均价格水品来制定价格。这种策略对长销图书和时效性图书都适用。它既能保证出版企业有稳定的收入,又比较容易受到消费者的认可。不足在于出版企业被动地适应市场,并没有利用价格杠杆积极参与市场竞争。

二、折扣定价策略

折扣定价策略,是给消费者或经销商部分价格优惠以增加销量。主要包括三种:回款折扣策略、数量折扣策略和同业折扣策略。

(一) 回款折扣策略

这一价格策略多针对经销商群体。指的是用一定的价格折扣来鼓励经销商在付款期限内迅速付清款项。出版企业可以按照不同付款期限制定折扣率,付款越及时,期限越短,享受的折扣率就越高。

(二) 数量折扣策略

数量折扣是根据购买者所购出版产品的数量或金额来决定以一定折扣率给予让利。购买数量越多、金额越多,折扣率就越高。这也是鼓励经销商大量进货或频繁购买的一种定价策略。

（三）同业折扣策略

这是出版企业给予不同级别的经销商以不同价格折扣的一种策略。例如，我国出版社对国有书店和民营书店的折扣有所不同，对一级分销渠道和二级分销渠道的折扣也有差异。

三、心理定价策略

心理定价策略是指在充分洞察消费者购买心理的基础上，对价格进行适当处理以吸引消费者积极购买的定价方法。具体方法如下：

（一）尾数定价策略

即在给出版产品定价时有意确定一个保留尾数的价格。如将某本书的价格定为29.80元而不是30.00元。因为多数消费者会感觉尾数价格更便宜更精确。但是，这种策略对于高品质出版产品并不适用。而且尾数定价不便于计算，增加了不必要的麻烦。因此现实中较少采用。

（二）整数定价策略

即把出版产品的价格定为整数，不带尾数。一般来说，超过100元的出版产品就不宜采用尾数定价，运用整数定价策略更加合适。当然，整数定价策略并不排斥低价出版产品。

（三）声望定价策略

价格也可以塑造形象。声望定价即通过制定高价来塑造高品质出版产品的品牌形象。对于高品质出版产品，或是作为礼品的出版产品，高价格可以满足一些消费者通过购买品牌出版产品彰显其身份、地位和品位的心理，刺激其消费欲望。例如，2010年韩寒推出新作《1988，我想和这个世界谈谈》，限量版100本，售价988.00元，附送价值3000元的十克黄金。

第六讲　出版渠道策略

 导入材料

2021年1月7日，北京开卷信息技术有限公司发布《2020中国图书零售市场报告》。报告显示，2020年我国图书零售市场码洋规模为970.8亿元，较2019年的1022.7亿元同比下降5.08%。由于受到新冠肺炎疫情的影响，这是自2001年以来首次出现图书零售市场规模的负增长。而2015—2019年我国图书零售市场已连续保持10.00%以上的增速。从不同销售渠道来看，网店渠道的码洋规模为767.2亿元，增速7.27%，较前几年有所放缓；实体店渠道受疫情影响降幅进一步扩大，同比下降33.80%。❶ 通过表6-1，可以更详细地了解2012—2020年我国实体书店和网上书店图书销售码洋此消彼长的变化情况。

表6-1　2012—2020年我国实体书店和网上书店图书销售码洋对比

年份	中国零售市场码洋总规模/亿元	实体书店销售		网上书店销售	
		码洋/亿元	占比/%	码洋/亿元	占比/%
2012	465.0	335.0	72	130.0	28
2013	500.0	330.0	66	170.0	34
2014	550.0	340.0	62	210.0	38
2015	624.0	344.0	55	280.0	45

---

❶ 阎密：《图书零售市场规模首现负增长　线上渠道占比近八成》，腾讯网，https://new.qq.com/omn/20210119/20210119A01TIW00.html。

续表

年份	中国零售市场码洋总规模/亿元	实体书店销售		网上书店销售	
		码洋/亿元	占比/%	码洋/亿元	占比/%
2016	701.0	336.0	48	365.0	52
2017	803.0	344.0	43	459.0	57
2018	894.0	321.0	36	573.0	64
2019	1022.7	307.6	30	715.1	70
2020	970.8	203.6	21	767.2	79

从 2016 年开始，网上书店销售的总码洋超过实体书店，并逐渐成为图书零售市场的主要驱动力，到 2020 年网上书店码洋占比已达到近八成。网店增长的主要推动力来自第三方平台。它为更多的图书经销商以较低成本且快速地开启自己的网上书店提供了便利。目前国内最大的第三方平台是天猫书城。天猫书城的入驻用户主要包括：一直以实体书店经营为主的新华书店和部分民营书店、出版机构自建的旗舰店、大量的专业书店、大型垂直网店（如当当网官方旗舰店）以及二渠道经销商。

2020 年新冠肺炎疫情的暴发，令实体书店的经营雪上加霜，一些书店难以为继被迫关张，还有一些书店则积极展开自救。到 2 月底，已有钟书阁、志达书店、中信书店等 200 多家知名书店在淘宝直播带货。3 月 9 日，单向空间联合其他五家独立书店，在淘宝直播与主播薇娅发起主题为"保卫独立书店"的直播。当天有 14 万人观看了直播。直播中推出售价 99 元的图书盲袋，销售总额达 70 多万元。这场直播让南京先锋书店创始人钱小华看到了新的希望。他的 15 家线下门店已整整一个月没有开门，正为书店已接近倒闭而发愁。当天他就向天猫图书负责人提出希望入驻天猫。3 月 29 日，先锋书店顺利入驻天猫。钱小华做的第一件事就是开直播，并推出图书盲选，不到 1 个月就卖出了 30 万元。这 1 家天猫店的销售额就比全国 15 家线下门店的总和还多。❶ 线上渠道的优势在疫情之下更

---

❶ 资料来自文章：《书店集体上天猫：1 个天猫店卖过线下 15 家门店》，2020-04-24，https://baijiahao.baidu.com/s?id=1664824670146175234&wfr=spider&for=pc。

加凸显出来。为了拓宽销售渠道，越来越多的书店入驻天猫书城。数据显示，仅3月至4月天猫书城就新增先锋书店、豆瓣书店在内的33家独立书店。

短视频平台也成为图书销售的另一个线上渠道。建投书局、大众书局、码字人等书店纷纷开设抖音账号，选择以短视频为渠道切入线上经营。大众书局从2月开设抖音号后，在一个多月里发布了84个视频，尝试从荐书、逛店到疫情新闻转发、直播预告多个主题的内容，不断调整题材内容和语言风格，努力探索短视频中更适合与读者沟通的方式。

此外，书店还开始进驻外卖平台。2020年2月12日，以重庆大众书局为首个试点，美团外卖平台宣布与之合作，推出线上购书服务，最快30分钟即可送达。此后，言又几联合饿了么平台，启动半小时线上配送服务。3月，北京地区的钟书阁、建投书局、三联韬奋书店等72家书店入驻美团外卖，得到平台给予的"免费入场"、流量补贴、运营辅导等支持。❶

以上材料聚焦于图书销售渠道从线下实体书店向线上网络书店的转移，以及在疫情期间实体书店转战线上寻求自救方式的探索。从中也可以看到，销售渠道的选择对于一家企业的运营管理来说意义重大。无论何时，好的渠道策略都能够为企业在创造竞争优势上做出巨大贡献。渠道决策直接影响着企业其他所有的营销决策。产品生产因渠道的需求可能做出调整，产品的定价需将给渠道的折扣考虑其中，企业的宣传推广与销售渠道的关系也越来越紧密。因此，本讲我们聚焦出版企业的渠道策略，探讨媒介融合发展中出版发行渠道正在发生的变革。

学习内容

本讲主题是"出版渠道策略"。通过学习，你将了解出版产品分销的两种基本渠道模式，重点掌握我国网络零售渠道的变迁过程以及当前移动互联时代新兴零售渠道的变化和发展，认识出版产品发行渠道设计与管理

---

❶ 资料来自微信公众号"三声"文章：《薇娅、许知远直播保卫，线下独立书店的向死而生》，https://new.qq.com/omn/20200322/20200322A0I8J000.html。

的重要性，并通过案例学习出版企业如何进行渠道的组合运用。具体包括：

※ 两种基本的渠道模式

※ 网络零售渠道

※ 渠道设计与管理

"渠道"一词，在市场营销学中叫作营销渠道、分销渠道或发行渠道，指的是出版产品从出版企业向消费者转移的过程中，所经过的与其发行有关的一切组织和个人连接而成的通道。分销渠道的起点是出版企业，终点是消费者。

第一节 两种基本的渠道模式

出版产品的分销渠道有两种基本模式：产销分离的间接发行渠道和产销结合的直接发行渠道，简称为间接渠道和直接渠道（见图6-1）。

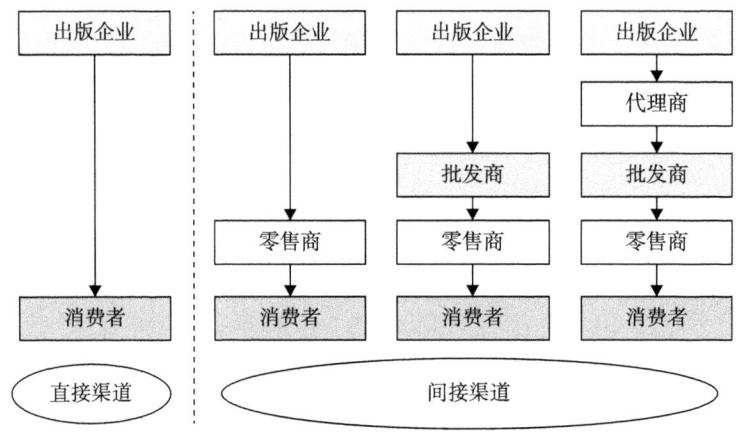

图6-1 出版产品分销渠道的两种模式

一、间接渠道

所谓间接渠道，是指出版产品从生产领域转移到消费者手中要经过若干中间商的销售渠道。间接渠道的中间商通常包括三类：零售商、批发商和代理商。

（一）零售商

所谓出版产品零售，是指将出版产品出售给终端消费者的经济活动。专门从事出版产品零售业务的组织或个人即为出版产品零售商。由于出版产品零售商数量众多、规模各异、形式多样，因此其类型极其复杂。

根据经营品种的专门化程度划分，零售商可分为综合店和专业店。

根据所有权关系不同，零售商可分为独立店和连锁店。独立店，是自我所有、自主经营的发行机构。连锁店有四种形式：（1）书业集团。即在同一个所有者的集中控制下，统一店名、统一管理的零售集团；（2）自愿连锁书店。即在一家大型出版产品批发商的赞助下，以统一进货为目的的书店联合体；（3）联合书店。由各个独立的零售书店按照自愿互利原则成立的、以统一进货为目的的书店联合体；（4）特许连锁加盟。指的是有品牌的大型书店，通过将其品牌授权于品牌接收者，通过契约建立的一种连锁组织。品牌接收者通常是独立的零售书店，根据约定的条件获得品牌的特许使用权。

我国的新华书店主要就是采取的连锁经营模式。美国四大连锁书店巴诺、博德斯、百万、皇冠的零售额占美国全年图书零售额50%，英国70%的图书零售市场控制在25家连锁店中，日本则几乎没有独立经营的书店，几乎所有书店都在某种形式的连锁状态下经营。根据有无店铺，零售商可分为实体店零售商和无店铺零售商（见图6-2和图6-3）。

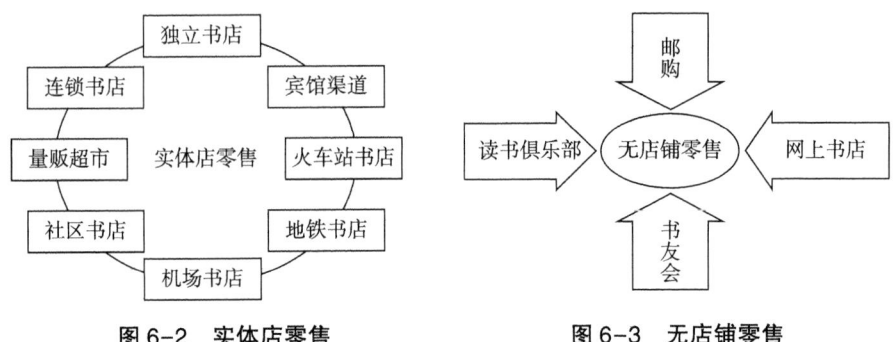

图 6-2　实体店零售　　　　　图 6-3　无店铺零售

网上书店大致可以分为四种类型：

类型一：以新技术为先导、以图书为主的书业电商网站，如亚马逊、当当等；

类型二：传统书业自己搭建的内部网站，如出版社的网站，主要展示出版社的自有品种，有自己的商务模式。但由于出版产品品种相对狭窄，多数朝着专业化网站的方向发展；

类型三：零售书店网站。这类网站主要与实体零售书店联动，起到互补作用；

类型四：以淘宝、天猫为代表的电商平台，图书是其经营的一个重要组成部分，有 C2C 型网上书店，也有天猫上的 B2C 型网上书店。

此外，根据人群特征和喜好组成的社群电商平台，目前也是图书网络销售的重要途径。例如，罗辑思维、一条、凯叔讲故事等知名微信公众号，就是此类社群电商的代表。寻找与图书目标消费者相吻合的知名微信公众平台进行图书销售，已经成为业内图书销售的一种常用渠道。后面我们会做具体分析。

（二）批发商

所谓出版产品批发，是指以转卖出版产品为目的，整批买卖出版产品的经济活动。专门从事出版产品批发活动的组织或个人就是出版产品批发商。出版产品批发商的主要类型有：

按照发行权限来划分，我国出版产品批发商分为一级批发商和二级批发商。一级批发商是拥有出版产品总发行权的批发企业。二级批发商是从一级批发商那里购进出版产品再进行转批的批发企业。二级批发商大多属于地方性的出版产品批发机构，主要包括各级基层新华书店以及其他国有发行单位、集体书店和民营发行单位。

按照在出版产品流转中的位置来划分，可分为产地批发商、中转地批发商和销地批发商。产地批发商，是指位于出版产品出版地，担负着出版社的产品在全国的征订发行任务的批发商。中转地批发商，是指位于出版产品流通的中转地，主要将产地批发商或出版社的出版产品进行中转，发往销地批发商或零售书店的批发商。销地批发商，是指位于出版产品销售地，从产地批发商或中转批发商那里购进出版产品，转批给当地零售商的批发商。

按照服务范围，可分为全国性批发商和区域性批发商。前者负责完成出版产品在全国范围内的征订、发行和相应的储备任务，后者的服务范围则仅局限于某一特定区域内。

(三) 代理商

所谓代理，是指出版机构委托某个批发商或发行经纪人代理发行其出版产品。从事出版产品代理业务的批发商或经纪人称为出版产品代理商。

出版产品代理商对出版产品不具有所有权，他们以代理契约的方式从出版机构取得出版产品的发行权，再将出版产品批发给零售商，从中赚取一定折扣，或者促成出版社与批发商或零售商的出版产品买卖，从中赚取佣金。出版产品代理商的类型主要有：

1. 出版社代理商

所谓出版社代理商，是指出版机构通过契约的方式，委托代理商在某个地区或全国范围内代理发行其出版产品。出版社向代理商提供产品目录及样品，代理商以出版机构的名义或代理商自己的名义，进行出版产品买卖。一个出版社可以有多家代理商，一个代理商也可以代理多个出版社的产品。

2. 发行代理商

所谓发行代理商，也称独家代理、总代理等。它是指出版社通过契约的方式，全权委托代理商负责某个或某些出版产品的总发行。发行代理的特点是独家代理，出版社不得就代理的出版产品品种自办发行或委托其他代理商发行。代理商也不得同时代理其他出版社的同类性质或相近产品。

3. 经纪人

所谓经纪人，是指那些既没有出版商品的所有权，也不经手现货，仅仅以促进出版产品买卖来赚取佣金的代理商或个人。他们主要发挥中介作用，为出版产品的买卖双方沟通信息，促成最终交易。出版产品经纪人制度在我国的发展尚处于初始阶段，有待成熟。

二、直接渠道

所谓直接渠道，是指没有发行商的参与，由出版企业直接将出版产品销售给消费者的一种渠道模式。直接渠道的销售我们常简称为"直销"。随着网络时代日新月异的发展，出版产品的销售渠道也发生着变化。直销，作为传统销售模式的一种补充，已成为开拓新渠道、肩负盈利目标和战略考虑的主要销售渠道之一（见图6-4）。

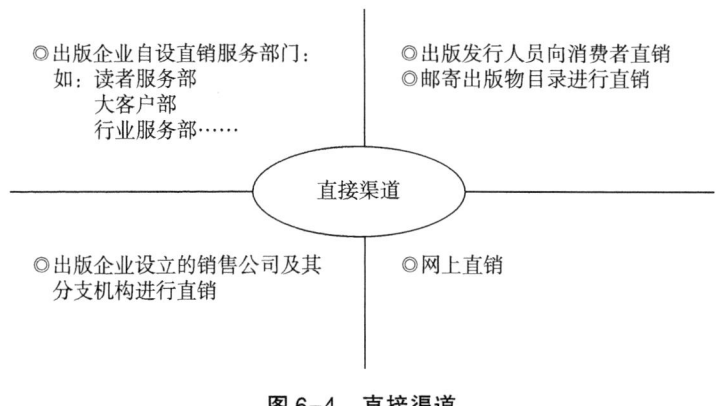

图 6-4　直接渠道

直销是最古老的一种销售方式。但在新的媒介环境中，也不断变换出

新的"玩法",焕发出新的生机。出版企业直销的方式主要有:

◎出版企业自设直销服务部门

◎出版企业设立销售公司或由其分支机构进行直销

◎出版发行人员向消费者进行直销,包括邮寄出版物目录进行直销

◎网上直销

"自 2002 年起,我国一些大型出版社开始建立直销中心,出版社也出现了新的部门——直销部。清华大学出版社、法律出版社、机械工业出版社、中国人民大学出版社和中信出版社等相继成立直销部,将图书的批销与直销业务分开经营,开始真正意义上的图书直销业务。"[1] 直销最大的优势体现在"没有中间环节赚差价"。由于没有中间环节,直销能极大地降低出版产品流通中的各种损耗,节约成本的同时还能高效送达。更为重要的是,直销是针对细分市场的精准传播,有利于出版企业直接获取读者信息和了解读者需求,信息渠道更加通畅。

这里重点谈谈网上直销。网上直销是直销各种形式中最高效快捷的一种。互联网的发展为直销提供了最便捷的平台。出版企业的网上直销也在不断利用网络应用技术的发展,与时俱进,寻找最适合的方式。从早期各出版社自建网站到第三方平台开通后的纷纷入驻,再到当前的直播以及登录各短视频平台开通运营账号,虽然直销的平台在变化,但是产品从出版企业直达消费者的本质没有改变。

以综合性人文社科类杂志书《读库》为例。《读库》诞生于 2006 年初,双月发行,以刊登中篇非虚构类文章为主。它是业内优质内容的标杆,有一群非常固定的读者群体,多为知识分子和爱书一族,口碑良好。2011 年 9 月 30 日,出现这样一则新闻报道:知名独立杂志书《读库》创始人张立宪今天亲自上门向当当网追讨逾期未还 44 万元债款。业内人士表示,网络销售渠道压款已成行业顽症,销售商依靠拖延账期、积压资金来

---

[1] 王海虹:《出版社图书直销五条渠道》,载于《出版发行研究》,2005 年第 9 期,第 55 页。

获取利息收入早已是行业潜规则。❶ 也许正是由于在与网络渠道电商的博弈中长期处于弱势地位,《读库》下定决心要建立自己的直销渠道。于是也就出现在 2012 年《读库》五周年读者座谈会上,张立宪直言"这五年来,我们所做的最大的革命性变革,就是把发行商给抛开了。除了每年 6 期《读库》,其他所有的产品,已经不再向发行商供货了,都只在我们自己的平台上销售"。❷ 显然,直销平台的搭建,加强了《读库》在发行商那里的话语权,"现在我们再和发行商谈,就可以很强硬,我们的书不允许退货,不允许拖款,他们也就接受了。如果他们不接受,我们就说那你就别卖了,我们不稀罕你卖。"❸

《读库》的渠道策略一直向网上直销倾斜,希望能够将网上直销作为主要的销售渠道,打造"全直销"模式。

其一,网上直销能够节省成本。出版企业可将资源更多地投入产品的制作中,打造极致的产品形态。"这样可以把本来预留给发行商的利润释放给读者,或者释放给更好的用纸,更好的印工。靠这样的模式,我们可以用国际适用的制作成本、国内适用的较低定价,让读者买到性价比很高的书。"❹ 张立宪对待产品一向精雕细琢,奉行质量至上。如他所言,网上直销节省出来的成本都被用来"打造极致的产品形态"。正因如此,《读库》被誉为近些年来"MOOK 出版潮流中最具含金量的一本杂志书",成为很多精英知识分子和爱书一族收藏的"私房书"。

其二,网上直销能够更加快捷高效地聚集同质化消费者,尤其适合小众化出版产品的销售。有些出版产品在大众渠道很难产生影响,但是如果放在对它有特定需求的消费者聚集的网站进行销售,则可能销量不俗。知名度在大众领域并不高的诗人王海桑,在 2012 年出版了他的一本诗集

---

❶ 唐明:《当当网遭图书商追债,网络销售渠道压款成顽症》,中国广播网,2011-10-01,http://www.techweb.com.cn/internet/2011-10-01/1101926.shtml。

❷ 《〈读库〉五周年读者座谈会现场文字记录》,2012-11-01,https://www.douban.com/note/244886791/。

❸ 同❷。

❹ 同❷。

《我是你流浪过的一个地方》，通过《读库》的直销当时其销量就达到了12000本。网上直销让好书遇到喜欢它的读者有了更便捷的途径。

其三，网上直销能够提供优质快捷的配送服务，形成领先于传统出版社的竞争优势。多数传统出版社销售渠道层级复杂，和网上直销的配送比较起来，时效性大打折扣。

其四，网上直销能够使销售出口单一，便于消费者的搜索。如今的消费者绝大多数会通过网络搜索来查找所需产品的相关情况。如果出版企业将网上直销作为主要销售渠道，那么对于消费者来说在搜索时就能够过滤掉冗余信息，更快找到产品所在网站入口进行购买。

第二节　网络零售渠道

从2016年开始，网络零售渠道的销售码洋反超实体零售渠道，逐渐占据图书零售市场的主导地位。2020年网络零售渠道销售码洋已占整体规模的八成，网店渠道在整个图书行业的发行和零售领域占据了强势话语权。原因何在？业内普遍认为："其中固然有疫情原因，但最强有力的因素依然是折扣。持续多年且愈演愈烈的打折售书，在一定程度上改变了图书零售行业的生态。"❶ 2019年开始，网店平台不再只是一年内搞几次促销大战，而是全年各个阶段都有促销活动，"大促"成为常态。"开卷数据显示，不含满减等活动优惠，2018全年网店渠道售价折扣为6.2折，2019年进一步降低到5.9折，2020年售价折扣为6.0折。而实体书店渠道的平均销售折扣基本保持在9.0折左右。"❷ 可见，两种渠道价格差异悬殊，是网络零售渠道成为销售主力的重要原因。本节将对网络零售渠道的发展变迁分不同阶段进行梳理和分析。

---

❶ 张稚丹：《解读〈2020中国图书零售市场报告〉：图书市场的危机与变局》，腾讯网，2021-01-29，网址：https://new.qq.com/omn/20210129/20210129A02LZN00.html。

❷ 北京开卷微信公众号文章：《互联网无序价格竞争已成图书行业发展痼疾》，2021-01-08，https://www.thepaper.cn/newsDetail_forward_10707336。

一、传统的网络零售渠道——三大图书平台电商❶

(一) 初始创立阶段——当当卓越两强争霸

我国最早的网络书店要追溯到 1995 年古旧书店中国书店的上线。此后，陆续有一些传统出版发行机构开设网络书店作为实体发行渠道的补充，但仍以实体发行渠道的运营为主。直到 1999 年 11 月当当网上线，才正式拉开我国图书网络零售渠道的大幕。

图书因其标准化程度高，且易于储存和运输，相较于其他商品物流要求低，成为电商领域的"敲门砖"。例如，亚马逊早期的崛起正是依靠帮助出版商解决了令人头疼的库存问题。当当网也一样，发轫于图书，且图书的基因几乎贯穿其发展的全部历程。两个月后，由联想和金山公司投资的卓越网上线，网络书店两强争霸由此展开。但是，这一时期网络书店还处于发展的初始阶段，相比起新华书店及各出版社的自建渠道，这种新的网络零售渠道在消费者中的普及仍需一段时间（见图 6-5）。

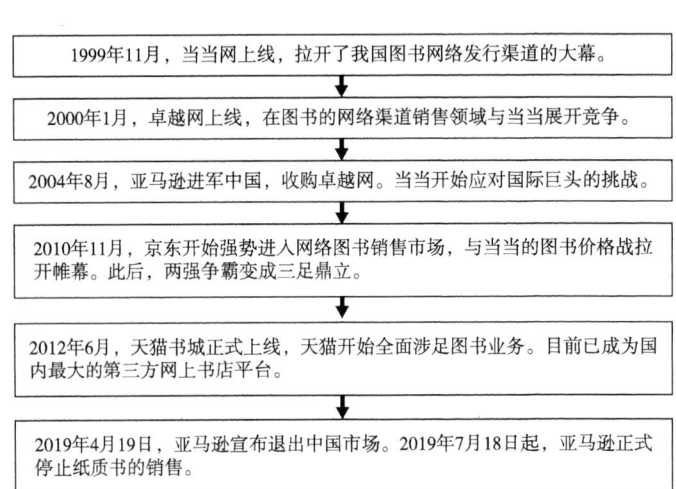

图 6-5 图书电商平台发展脉络

---

❶ 本节内容参考李南：《1999-2019，图书电商二十年沉浮录》，载于《出版人》，2019 年第 11 期。

(二) 野蛮生长阶段——更多的网络书店粉墨登场

2004年8月,亚马逊进军中国市场,以7500万美元的价格收购卓越网。当当网由此开始直接应对国际巨头的挑战。价格战从这一时期就已经开始成为竞争的主要手段。随着互联网的发展,网民数量激增,网络消费习惯逐渐养成,出版企业对之依赖性也逐渐加强,网络书店的市场规模开始高速增长,规模化效应凸显,在和上游出版企业的价格谈判中逐渐掌控话语权,它们用规模化采购倒逼出版企业索要采购折扣或返点。网络书店的价格优势吸引越来越多的消费者开始网购图书,实体销售渠道渐受冷落。

这一阶段,更多的网络书店粉墨登场,它们依靠各自的优势资源,在不同区域或领域发挥其网络零售渠道的价值。例如,成立于2007年的北发图书网,整合了北京市新华书店的资源,发力区域市场并辐射全国市场;成立于2006年的博库书城网,整合了浙江省新华书店的资源,以连锁门店为基础,面向零售团购用户,2009年销售达8000万元;四川省新华书店于2007年将其门户网站"新华书店.com"转型为专业的B2C电子商务网站(2010年更名为"文轩网"),2009年销售额突破千万元,注册会员接近40万元;机械工业出版社创办的互动出版网聚焦计算机类图书的网络销售,逐渐成为这个细分市场的口碑品牌。

(三) 三足鼎立阶段——京东进入网络图书销售市场

2010年12月8日,当当网在美国纽交所上市。而在2010年11月1日,京东图书正式上线,开始进入网络图书销售市场。紧随京东之后,苏宁易购也在2011年上线图书频道;2012年4月,1号店上线图书频道。

公开数据显示,2010年前9个月,当当网的总营收为15.7亿元人民币,其中图书占比84%;亚马逊中国2010年全年总营收为40亿元人民币,图书品类仅次于当当网。面对两大网上图书零售巨头,京东图书在激烈的市场竞争中活了下来，而且打败了亚马逊中国，成为直逼当当网的第二大图书电商。至 2014 年 6 月，"京东图书频道用户突破 1600 万，可售图书品种达 200 万，仅在 6 月 1 日至 6 月 19 日的京东店庆期间，京东售出图书 1000 万册，其中 6 月 18 日当日销量高达 230 万册。这个数字刷新了中国图书电商单日交易记录。"❶

当然，京东以价格战作为"敲门砖"进入市场，扰乱图书行业秩序，引发出版商的强烈不满，甚至被中国新闻出版总署约谈，曾是新闻关注的焦点。2010 年底，京东向当当发起正面攻势，图书价格大战正式拉开帷幕。"比竞争对手低 20%"是京东 CEO 刘强东在微博上直言与当当展开价格战时的承诺。"如果网友们发现任何一本书的会员价没有便宜 20% 以上可以举报，我们会在 24 小时内继续降价，直至价格降到零！"❷ 高举价格战，声称"不允许京东图书音像部门在 5 年之内盈利"的京东，确实给了刚上市的当当很大压力。

较长一段时间内，当当、京东、亚马逊三大平台电商形成三足鼎立之势。可以说这是一个巨头加速前行并继续碾压实体渠道的阶段。这样的大环境给国内网络渠道经营者们打了一剂强心针。但与此同时，如何在几乎被三大电商平台垄断的市场中分一杯羹，也是众多网络零售书店亟待解决的问题。

二、三足鼎立格局改变——天猫书城上线

2012 年 6 月，天猫书城上线，为众多网络零售书店亟待解决的问题提供了新的解决方案。各类图书经销商可以在天猫书城上开网店，天猫的流量为用户提供了基础保障，他们只需要熟悉天猫的操作规则，充分利用工具就能迅速开展自己的网店业务，拓展销售能力，寻找新的利润增长点。很快各类经销商包括文轩网、博库书城甚至当当网，都先后入驻天猫开起

---

❶ 钛媒体文章：《京东图书的逆袭：从三年零毛利到品类杀手》，2014-07-31，https://www.ebrun.com/20140731/106136.shtml。

❷ 《多家出版社拟出限价令，正与京东当当等网站接触》，《北京晨报》，2020-12-15。

了旗舰店。尤其是文轩网、博库书城等一些靠发行起家的供应商，凭借自己实体业务的批量采购折扣优势和国内排名前列的品种数量，很快在天猫书城占据了优势地位，并依靠流量扶持迅速崛起。第三方平台网店由此也开启了快速增长模式。前文提到，2016年网上书店销售的总码洋已经超过实体书店的总码洋，主要推动力正是来自第三方平台，第三方图书业务同比增速达到60%，图书销售码洋规模与"三大网店"的规模已相差不大。到2020年春，已有3500个图书商家、582家出版社入驻天猫。毫无疑问，天猫书城上线改变了中国图书电商的格局。2019年4月19日，亚马逊宣布退出中国市场。2019年7月18日起，亚马逊正式停止纸质书的销售。

除了线上图书零售，天猫也利用其优势资源进行线下零售实体书店的经营和探索，打造实体书店的新业态。2018年4月23日，全国首家天猫无人书店——"志达书店-天猫未来店"在上海复旦大学开业。刷脸进店、无感支付等互联网技术融入传统实体书店，成为互联网时代实体书店寻求创新发展的一种新的经营模式。2018年10月26日，博库书城联手天猫在杭州打造的浙江省第一家无感支付书店——博库书城天目店开业。博库书城在天猫线上销售产生的消费大数据能为这家实体书店的经营与选品提供决策依据，新的零售业态给读者带来全新的购书和阅读体验。

三、新的网络零售渠道——社群电商

（一）社群电商的崛起

2015年前后，随着4G技术的广泛应用和移动互联网技术的迭代升级，音频、视频、直播等文化娱乐产品急速增长，极大地刺激了消费者文化需求的增长。这些产品将一群兴趣爱好相同、关注点类似的人凝聚到一起，形成社群传播。社群经济也由此产生。这是互联网时代去中心化的结果。社群时代，消费者是产品销售新的起点。消费者不只是注重产品的功能，而是更在意附着在产品功能之上的口碑、文化、人格魅力等情感要素，因产生信任而开始购买。

比如，《罗辑思维》在 2012 年诞生之初是优酷上的一档知识型视频脱口秀节目，慢慢也发展为一个具有影响力的微信公众号。通过会员招募，创始人罗振宇建立了一个互联网读书求知社群，凝聚着一群"爱智求真、积极上进、自由阳光、人格健全"的年轻人。基于这个社群，罗振宇发起过一次互联网社群实验。通过微信公众号售卖一套图书，总共六本（包括《精子战争》《心外传奇》《趣味生活简史》《黑客与画家》《神似祖先》《中国国民性演变》），售价 500 元，限量 8000 套，于 2014 年 6 月 17 日早上六点半发完微信语音信息之后开始售卖。结果，仅一个半小时 8000 套图书售罄。对于出版业来说这是一个引人注目的超有趣的现象。为什么正常单价加起来不过一百来块钱的六本书，一起放到罗辑思维的平台上以几乎五倍的价格售卖，竟然还能短时间内一抢而空？应该说，底层逻辑在于罗辑思维社群是以罗振宇的人格魅力为核心的，社群成员信任罗振宇，因而相信他的推荐，因信任而购买。在工业时代，商家是用广告、渠道、促销建立昂贵的"硬连接"，而在互联网时代，方法已切换到用魅力、专业、趣味建立成本更低的"巧连接"。

2016 年上半年，知识付费业务开始崛起，喜马拉雅 FM、懒人听书、蜻蜓 FM、得到等有声 App 用户人数呈爆发式增长，注册用户上亿，日活用户上千万。而当时已上线近 20 年的当当网注册用户也不过几千万，日活用户刚刚过百万。社群电商的优势凸显。利用社群聚集的人气进行图书销售，成为很多社群电商运营中的必然之选。与此同时，社群电商也成为出版企业新的网络售书渠道，且发展势头强劲。

（二）出版企业与社群电商的合作

社群电商的基本运作逻辑是从社群成员的共同兴趣点或特质入手，通过精准的内容投放创造流量，然后通过流量带来销售。由于社群中成员的共性特点，出版企业会选择与其图书目标读者相吻合的社群平台进行精准投放，这种具有针对性的以优质内容吸引目标读者进而带来的销售转化率通常是很高的。例如罗辑思维、大 V 店、一条等。

2015年10月,新经典文化有限公司(以下简称"新经典文化")选择在罗辑思维独家首发《丈量世界》一书,第一天销售一万册,一个月总销量达三万册。中信出版社2016年推出的烧脑小说《S. 忒修斯之船》在自媒体平台一条独家首发,大获成功。大V店是在2014年成立的国内首家以社群为主的母婴会员制电商,以童书和专业育儿内容的传播为起点,建立妈妈社群,为会员妈妈提供购物、社交、教育、生活等服务。主营产品为图书音像和母婴用品,图书中绘本占绝大多数。2015年7月,大V店独家首发彭懿、九儿的原创图画书《不要和青蛙跳绳》,预售的一个月里售出5000多本,到10月底售出近20000册,这次的联合独家首发也是图画书利用社群电商创新销售渠道的一次探索。前面提到过读库,选择与"十点读书"合作,在其旗下女性生活方式电商平台十点好物上线《读库2020》,两天的销售额就突破100万。

一般来说,出版企业与社群电商的合作有两种方式:一种是将社群电商作为替产品投放广告的宣传渠道,为平台电商引流,在文章中带有平台电商的购买链接,期待阅读文章的读者转化为消费者。另一种是社群电商既是信息发布的平台,也是购买平台。但是,需要注意的是,不同电商的合作要求是有区别的。比如,有些平台会要求独家销售,有些平台对所销售图书的选题或定价有明确要求,有些平台不会对销售量做出承诺。

例如,"国馆"从2016年7月正式开始售书业务,它与中信出版社、商务印书馆、作家出版社、新星出版社以及理想国等品牌都保持长期合作的关系。但国馆提出基本不会考虑定价50元以下的图书,也不做包销承诺。除非首发或提供更低的折扣支持,才会考虑承诺一定的销量。国馆与不同出版社的合作方式也有所不同。一种是由国馆直接批发购买图书在平台售卖,自己负责后期物流等工作;另一种则是国馆有专门的文案团队打造微信推文,有专门的客服团队进行售后服务,但发货则是由出版社负责。由于不同的电商平台有其个性化的合作需求,出版企业也有其自身的利益诉求,因此这就要求出版企业在平台的选择与合作中,需在充分了解平台方需求和自身诉求的基础上再进行谈判和博弈,以尽可能达成双方利益最大化。

时间进入 2020 年，网络短视频、直播带货飞速发展，O2O、短视频领域的互联网巨头也纷纷开始涉足图书电商，进一步加速了图书市场的多元化。尤其是图书直播中的"全渠道最低价""历史最低价"等促销模式，以及 KOL 主播模式下的"坑位费"、佣金的出现，使得出版社不得不为扩大销售进一步在折扣方面做妥协，有些图书售价甚至比成本还低。许多消费者认为促销的优惠是平台给补贴，但实际上这部分成本主要是由出版社来承担。在"渠道为王"的时代，出版企业的利润空间越来越小。它们具有强烈的危机感，亟须创新来变危为机。出版企业需要创新思维，适应市场，开辟多元化的销售渠道，以适应不断变化的时代需求。

另一方面，我们也必须看到，技术在发展，传播媒介也一直在变，而不变的是在移动互联网时代，将内容传播给受众的流程在不断的缩短。销售渠道的生存也面临巨大挑战。图书的网络零售渠道，不管以何种形式存在，竞争归根结底在于争夺消费者的时间和注意力，为读者服务，建立起与读者之间的信任关系是最重要的。出版企业和零售渠道的博弈，仍将继续下去。

第三节　渠道设计与管理

出版产品发行渠道的设计，是指出版企业对分销渠道的长短宽窄等渠道变量进行合理的安排和组合，以有效实现出版产品的分销目标。渠道管理，是指出版企业通过对渠道成员的激励或惩罚实施管理，并对其工作进行评估，以及根据情况对渠道做出调整。

一、相关理论

（一）渠道的长度和宽度

发行渠道的长度，依据参与到出版产品流通过程的中间商环节的多少而定。前面讲到出版产品销售有两种基本的渠道模式，即直接渠道和间接渠道。其中，直接渠道是零层渠道，间接渠道可分为只包含零售商一个环节的一层渠道，包含批发商和零售商两个环节的二层渠道，等等。层级越多渠道则越长。在制定渠道策略时，出版企业首先就要决定采用哪种渠道模式，是直销还是分销，是一层渠道还是二层渠道，是利用中间商发行还是委托代理商，这些都需要考虑。不同的出版企业有不同的渠道模式，同一家企业的不同产品也有不同的渠道模式。

发行渠道的宽度，是指渠道的每个层次使用同种类型中间商数目的多少以及能力的大小。发行商数目多为宽渠道。反之，发行商数目少则为窄渠道。具体来说，确定中间商数目，出版企业有三种策略可供选择。

其一，密集分销。指的是出版企业尽可能通过更多的发行商为其推销产品。其特点在于可以迅速扩大产品的市场覆盖面或快速进入或开辟一个新的市场。例如《史蒂夫·乔布斯传》在上市时就典型地利用了密集分销策略。

其二，选择分销。指的是出版企业在某一地区，通过几个精心挑选的、最合适的发行商为其推销出版产品。其特点是集中在某一地区展开密集分销，让出版产品在某一地区成为畅销产品，进而利用其他地区发行商的主动跟进，扩大声势，扩大发行范围。

其三，独家分销。指出版企业仅仅选择一家发行商推销其出版产品。其特点是能充分调动独家发行商的经营积极性，确保通过该渠道获得最大利益。尤其是当前在出版企业与电商平台的合作中，经常会出现独家销售的诉求，这就需要出版企业权衡利弊做出合理选择。

（二）渠道管理的内容

渠道管理是出版企业经营管理的重要组成部分，管理水平的高低不仅直接决定着某个出版产品某条产品线的销量，也影响着企业的盈利水平和整体规划。渠道管理的内容主要是以下几点：

（1）规定渠道成员的权利和责任。出版企业和渠道成员的权利和责任是相互的，也是双方能够达成合作的前提。一般来说，出版企业的承诺包括：出版产品的质量、及时供货、价格折扣、可否退货等。发行商的承诺包括：向出版企业提供出版产品销售信息、积极推广出版产品、及时上架销售、提供售后服务、及时结算款项等。比如，经常说到的代销制和经销制，不同就在于是否能够退货。若是代销，出版企业将产品以一定的折扣卖给发行商代为销售，按产品实际销量结算，未销售的产品可以退货。而经销制是包销不退货，在一定期限内要求发行商全额回款。发行商承担一定风险，但折扣会更低。

（2）渠道跟踪。发行商不是只发行某一家出版企业的产品，因此产品能否得到足够的重视和推广，还取决于多种因素，比如这个产品在发行商的经营品种中所占份额多，则自然会有更多的资源倾斜。因此，出版企业将产品发给合作渠道之后，必须实行渠道跟踪，及时了解产品在该渠道的推广、上架、销量、口碑以及售后等各方面情况，及时发现并解决问题，以便更好地推动产品在该渠道的销售。

（3）渠道激励。渠道成员必须不断加以激励，才能更加出色地完成任务。有时出版企业会采用积极的激励措施，如给予业绩好的发行商更多的折扣优惠，提供额外的奖励政策等。但有时也会采用消极的刺激手段，如提高折扣率、推迟供货，甚至商品下架等对发行商不利的条件，以增加在与发行商谈判中的筹码，达成既定目标。

（4）渠道调整。出版企业需要定期对渠道成员进行评估。一方面评估结果可以作为激励依据，另一方面也能通过评估及时发现问题，对渠道做出及时调整。渠道调整一般来说是针对渠道中的个别成员，如淘汰表现不好的发行商，吸纳新的渠道成员等。当前媒介的发展变化日新月异，新的销售渠道不断出现，这为出版企业进行渠道调整提供了更多新的选择。

二、出版企业的渠道组合运用

2016 年，中信出版集团旗下童书品牌"小中信"引进策划《科学跑出来》系列丛书，成为 AR（Augmented Reality 增强现实）技术与图书出版相结合的现象级产品。下面,具体来梳理这套儿童科普 AR 图书系列在发行过程中的渠道组合策略(见图 6-6),看看优秀的渠道组合和管理对于促进图书销售所发挥的重要作用。❶

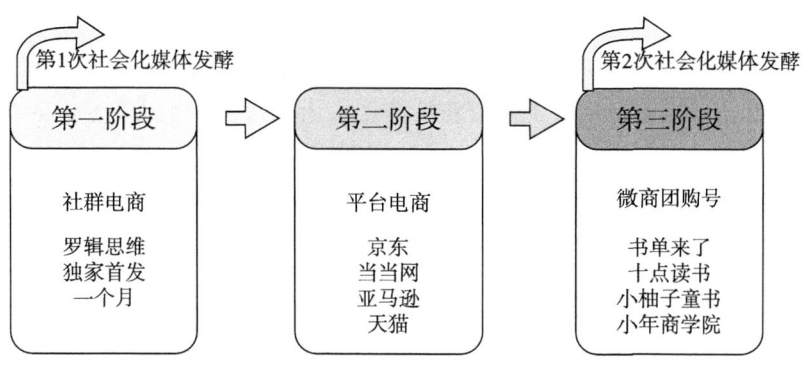

图 6-6 《科学跑出来》分销渠道组合策略

(一)第一阶段:社群电商——独家首发,第一次社会化媒体发酵

2016 年 1 月 10 日《科学跑出来》第一辑 4 本正式开始在"罗辑思维"平台独家首发,时长一个月。上线第一天,全价销售,一小时即卖出 1000 套,创下当时高价套装图书销售速度之最。首日销量破万。

上市首发为什么是"罗辑思维"?罗辑思维的目标受众是一群爱读书爱思考的年轻人,跟童书似乎根本扯不上关系,他们并不是这套书的目标读者对象。但是,小中信的独到之处正在于它的场景思维,将这套书放在春节的时间节点推出,并打造出都市打工阶层春节回老家给亲友孩子购买礼物的消费场景。因此,这套书的定位是可以在春节回老家时送给孩子的新年礼物,它比常见的电子产品、电动玩具等更有"城会玩"的属性。这样一来,罗辑思维的目标受众与此书送礼场景下的都市年轻人高度重合。最终,事实证明这种判断是精准的,富有商业价值。

首发销售 20 天后,小中信又和罗辑思维一起策划了《科学跑出来》

---

❶ 以下案例内容参考卢俊:《〈科学跑出来〉缘何引爆 AR 出版》,载于《出版人》,2016 年第 8 期。

创意手机摄影展，用 iPad mini4 作为奖品回馈家长和孩子。通过这一活动在社交媒体引爆口碑和分享风潮。最终，罗辑思维首发一个月的销量达到 25 万册。

此后，考虑到春节之后开学季的场景和压岁钱怎么花的场景都非常适合这套图书的销售，小中信让罗辑思维在年后又单独给这套书做了一次周五上新推荐，把销量推上了一个新的高度。由此可见，小中信在产品推广中把罗辑思维这一渠道的潜力发挥到了极致。第一次社会化媒体渠道的使用，无论是销售业绩还是推广效果都非常显著，为后续的销售奠定了坚实的基础。

（二）第二阶段：平台电商——全渠道销售，超级爆款

2016 年 3 月 20 日，在罗辑思维上新推荐之后一个月，《科学跑出来》进入全渠道销售阶段。因为此书在第一阶段市场反响强烈，平台电商和微商都想参与分销获取利润。此时，小中信要考虑的是如何权衡利弊进行渠道选择。

谈到权衡的过程，这套书的项目负责人是这样说的：摆在我们面前的选择是要么让一些团购号先团一轮，要么直接上平台电商。如果选择前者，可能平台电商后续的积极性就会受到影响，团购号也许可以做出影响力，但是没有平台电商的长尾效应，我们很纠结。最终因为对这套书的长远影响力充满信心，我们决定立刻在平台电商展开销售，并且要求各大电商给予极大的资源支持，我们也牺牲了很多利润，以保证平台一开售就是超级爆款的架势。果不其然，京东、当当网、亚马逊、天猫店经过几轮的活动促销，很快就卖掉了 20 几万本。同时在这一阶段，小中信启动了开学之后校园场景的消费推广。它们与全国十大名校联合开发科学课程课件，获得全国十大特级教师和十大校长的联袂推荐。线下渠道的宣传推广与线上平台电商渠道的销售相互呼应。

由此可见，渠道选择的前提是要明确不同渠道的优势和劣势，扬长避短，选择更能接近既定目标的那个渠道进行合作，并且在合作前明确双方的权利和责任。

(三) 第三阶段：微商团购号——持续热销，第二轮社会化媒体发酵

作为一套儿童科普AR读物，儿童节是不容错过的销售时机。在儿童节这个消费场景下，小中信打算利用微店团购号进行第二轮社会化媒体发酵。首选当然是关注度排在前列的阅读类和亲子类微信公众号。与小中信进行谈判的公众号包括爸妈营、书单、十点读书和小柚子童书等。难题是每个公众号都有自己的想法和需求，对小中信来说有利也有弊。比如，爸妈营团购量很大，最少都能达到3000套，但是他们要求独家销售，这样无疑会影响图书在儿童节的口碑发酵。而书单、十点读书以及小柚子童书三家团购量相对较小，但是它们的流量大，也没有要求独家。最后小中信选择了不独家，在书单、十点读书、小柚子童书和少年商学院同时发售。数据显示，这几家微商的团购推广阅读量整体超过30万，传播效果非常好，同时还带动了平台电商的销量。

至2016年8月，《科学跑出来》第一辑4本和第二辑2本总销量超过50万册，成为AR科普图书的爆款，甚至带动多家出版企业AR+出版业务的增长。纵观其整个上市发行销售的过程，应该说这套书的畅销与小中信制定的合理的渠道组合策略密不可分。渠道设计有中长期规划，以春节、开学季以及儿童节这几个重要消费场景划分不同销售阶段，每一阶段目标清晰，在不同阶段分别选择社群电商、平台电商以及微商等不同分销渠道进行组合运营，可谓是环环相扣，层层发酵。这正是通过此案例我们应从中收获的启示。

第七讲　出版营销策略

 导入材料

《人生海海》，茅盾文学奖得主麦家历时八年完成的长篇小说，由新经典文化出品，于2019年4月16日全网上架，上市60天销量超60万册，不到一年时间销量就突破100万册，成为图书市场的现象级产品。上市不久荣登"豆瓣2019年度书单·中国文学（小说类）"第一名。这本书的编辑黄宁群认为，故事好看是这本书成功的原点。诚然，内容的高品质是《人生海海》成为超级畅销书的必备前提，但是在这个"酒香也怕巷子深"的时代，一场营销战役显然也是必不可少的。新经典文化为这本书的推广竭尽所能，一段时间里这本书出现在杂志的封面上、年度书单中、收音机里、微信公众号的推文中……它出现在一切你能想象到的地方。业内人士曾感叹新经典文化把一本文学作品的市场做到了极致。

"人生海海"，是闽南方言里的一个词，说的是人生起伏不定，犹如大海一般，充满了种种未知和凶险，但即便如此，也依然要好好地活下去。麦家的长篇小说《人生海海》便取自此意。麦家曾说，通过《人生海海》这本书，就是想告诉人们一句话：是大海一样起伏不定的生活，让我们变得像大海一样的宽广深厚。"假如你是一个涉世未深的年轻人，你可以很容易地从《人生海海》中获取一种英雄主义式的感染；倘若你的阅历深一些，你可以在这本书里看到人生的起伏不定，这又会带来另一种触动。当一本书在人生的不同阶段来读，都可以给内心带来养分时，它的成功几乎就是一种必然。"❶ 基于此，项目组最后确定的宣传方向，"就是围绕人心和人性来的，这些都是可以跨越时空，永久闪烁的东西"。

此书面向大众市场，并没有对读者做明确的细分。快节奏的生活中，人们面临太多的焦虑与不安，有人患上抑郁症，甚至想到死亡。有着这样心境的芸芸众生，当看到图书腰封上的那句话——"人生海海，敢死不是勇气，活着才需要勇气"，引发无限感慨的同时也获得深深的慰藉。这种情感的共鸣，能够快速识别出需要这本书的读者，读者也能在第一时间知道这本书能否满足其需求。腰封在此书的营销中意义重大。

针对这本书的营销，新经典文化展开了跨越多种媒介的营销攻势。编辑黄宁群说："以前一本好书只要按照常规的方式推荐到大众媒体，就能基本达成对读者的覆盖。而现在我们必须更多地接触年轻人的玩法。"这里强调的正是融媒体时代传统营销方式之外还必须重视社会化媒体营销方式的转型。

2019年4月22日，《人生海海》新书发布会在腾讯视频全程高清直播。发布会嘉宾阵容强大，董卿、高晓松、白百何、何穗、杨祐宁等多位明星到场，畅谈阅读感受。同时期哔哩哔哩网站上发布杨洋、董卿、白百何等多位名人的荐书短视频。知乎、豆瓣以及各大读书公众号都出现《人生海海》的推荐文章。

2020年4月初薇娅在直播间分享了《人生海海》一书，这是粉丝寄给她的礼物。4月10日，薇娅以"你多久没读书了"这一话题标签发布微博，再次推荐了《人生海海》。2020年4月12日，《人生海海》在薇娅直播间上架，3万册不到5秒钟就被抢购一空。此后，该书在抖音也开始大火。2020年11月6日，麦家开启抖音直播首秀，作为"都来读书"全民阅读计划的领读人，与读者共读《人生海海》。此时该书的总销量已突破170万册。

促销，是出版产品进入市场时不可或缺的重要环节。众所周知，出版

---

❶《〈人生海海〉上市一周年，陈明俊和麦家拍板的百万印量都卖掉了》，载于《出版人》，2020-04-15，https://www.sohu.com/a/388300479_211393。

市场产品种类数量庞大。仅图书来看，2019年我国出版新版图书224762种，重印图书281217种。❶要让一本书在市场中被消费者看见、识别、了解、喜爱并购买，好比大海捞针，实则是一件相当困难的事情。没有促销，再好的书也会石沉大海，无法泛起一丝波澜。因此，本讲将聚焦4P营销组合策略的最后一个要素——促销策略，探讨在当前媒介融合发展的时代背景下，出版企业如何利用促销组合工具包中的不同"工具"，与消费者进行沟通，传播价值主张，建立良好关系。

 学习内容

本讲主题是"出版促销策略"。通过学习，你将了解出版促销组合中的不同工具及其特点和适用性，熟悉出版企业如何利用传统大众媒介做广告，如何进行公关、销售促进和人员推销，更为重要的是观察在媒介融合发展及社会化媒体传播正如火如荼的环境中出版企业在社会化媒体营销方面的实践和发展。具体包括：

※ 出版企业的传统媒体营销策略
※ 出版企业的社会化媒体营销策略

"每满100减50""爆款直降""抢618神券""一件9折，两件7折"，当我们需要选购商品时，这些字眼随处可见。我们常说这是商家惯用的"促销"手段。如果严格参照市场营销学理论，"促销"一词的表达并不太准确。在市场营销学研究中，美国学者麦卡锡教授提出了著名的4P营销组合策略，即产品（Product）、价格（Price）、渠道（Place）和促销（Promotion）。促销是营销组合中的一部分。促销，是企业通过人员或非人员的方式，沟通企业与消费者之间的信息，引发、刺激消费者的消费欲望和兴趣，使其产生购买行为的活动。促销的实质与核心是沟通信息。促销的目的是引发、刺激消费者产生兴趣和购买欲望。

---

❶ 数据来自微信公众号"中国新闻出版政务"文章：《2019年全国新闻出版业基本情况》，2020-11-03。

促销的方式有人员促销和非人员促销两类。(见图7-1)

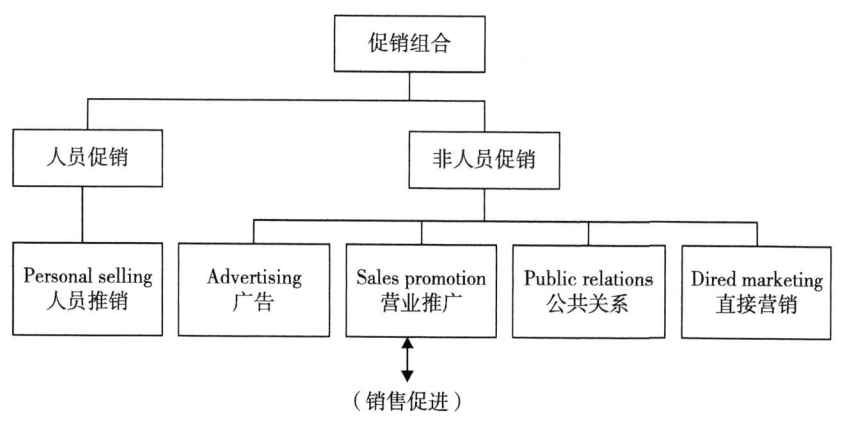

图 7-1 促销的两类方式

为与消费者沟通，企业可以选择使用以上五种促销方式中的一种或多种：广告、公共关系、销售促进、直接营销和人员推销。我们所认为的商家惯用的"促销"手段实则为促销组合中的"销售促进"。在传统媒体时代，报纸、杂志、广播和电视这些大众媒介是广告的重要载体，但它们在当下正逐渐丧失主导地位，社会化媒体日新月异的发展为出版企业的促销策略提供了更加多样化的选择。

第一节 出版企业的传统媒体营销策略

一、广告策略

出版产品的广告，就是出版企业以促进销售为目的，付出一定的费用，通过特定的媒体传播出版产品相关信息的大众传播活动。研究出版产品的广告策略，关键点有二：一是广告内容的筛选；二是广告媒介的选择。下面分别探讨这两个问题。

(一) 出版产品的广告内容

结合相关广告理论，出版产品广告内容的制作应遵循如下原则：
◎传递出版产品的内容精华
◎传递出版产品的 USP（独特销售主张）
◎呈现出版产品的品牌形象
◎最好是有创意的信息传达
◎根据不同媒介的特点来设计广告内容
◎设计符合出版产品读者定位的广告内容
◎要确保不同渠道传递的广告内容的一致性

例如，中信出版社 2016 年 5 月推出新书《时间线》。这是一本儿童科普书，精美的手绘世界史，给孩子最初的人文启蒙。中信出版社制作的宣传海报上，以蓝色为背景，右边是书籍图片，左边配上的主文案是"愿你出走半生，回来仍是少年"。辅文进一步介绍："《时间线》里没有时间，最精美的手绘世界史"（见图 7-2）。文案简洁雅致，生动准确地传递出这本书的精华和主旨。

图 7-2 《时间线》宣传海报

(二) 出版产品的广告媒介

出版产品的广告媒介随着媒介形态的发展变化不断更新。主要有以下几类。

1. 传统大众媒介——报刊、广播、电视

报纸上经常开辟专版进行图书连载（见图 7-3），也会以平面广告的形式刊出图书或杂志广告（见图 7-4）。图中 Time Out 杂志的 New York 版平面广告将生活符号与杂志形象有创意地相结合，向读者传递出杂志"引领娱乐休闲生活"的主张。此外，杂志本身也是书籍、报纸较常使用的广告载体。

图 7-3 报纸上的图书连载

图 7-4 杂志广告

出版产品通过广播载体做广告的方式主要有：开辟读书栏目，进行图书推荐；插播音频图书广告，多为作者新书发布会或读者见面会的宣传信息。

相比于报刊和广播，昂贵的电视广告被普遍认为不适合利润较薄的图书行业。但并非没有电视图书广告。例如，三联书店出版的《学习的革命》，是我国第一本做电视广告的图书。1998 年 12 月 8 日，中国中央电视台《焦点访谈》节目前出现该书的一则 15 秒广告，花费 25 万元。第二天，此书的委托销售方——北京科利华教育软件技术公司宣布将斥资 1 亿元作为此书的广告投入，要在 100 天卖掉 1000 万册。最终，电视广告的大手笔为此书带来近 500 万册的销量，被誉为中国畅销书诞生的标志。然而，科利华出资可谓醉翁之意不在酒，其目的是通过图书的宣传提高自身品牌知名度，为融资上市造势。

此后，浙江少年儿童出版社、"志鸿优化"教辅图书、中国青年出版社、上海唐风图书有限公司等都曾在电视上为其图书产品做过广告。2009

年3月,北京时代华语图书股份有限公司投资6000万元在中国中央电视台及省级卫视投放15秒电视广告——《天堑变通途》,为《领导干部决策大参考》《论剑》《领导干部读经典》《领导干部大讲堂》4套高端读物系列共102本书做电视广告。这仍然是一次明显以资本运作为目标的图书广告攻势,其根本目的在于树立品牌,吸引融资,为上市创造有利条件。

2. 户外广告媒介

主要是指利用街道、高楼、广场、机场、车站、高速公路等建筑物或空间设置路牌、霓虹灯、电子公告牌、橱窗、灯箱等作为出版产品的广告载体。爱尔兰著名作家詹姆斯·乔伊斯耗时17年完成的文学经典《芬尼根的守灵夜》,被誉为最难读懂的"天书"。这本书在上海人民出版社推出之初,其销量并不被看好。然而短短三周后,该书竟然卖到脱销。从相关报道中可以发现,该书出版方破天荒地在上海、北京、杭州等全国各大城市打出了巨幅户外广告,推波助澜功不可没。在上海,主要繁华商业区及交通主干道上的16块巨幅户外广告牌上同时出现了《芬尼根守灵夜》的广告,最大的一块面积达400平方米。从倡导全面阅读的角度来看,户外广告也是出版企业引导民众阅读经典的一种有效手段。

3. 现场广告——POP、立体模型、宣传条幅等

现场广告针对性强、费用低,既能宣传出版产品,又能渲染气氛,促进销售,对出版产品营销宣传有着突出意义。因此,在图书的新书发布会、读者见面会等现场活动中,往往现场广告必不可少。制作现场广告的时候应注意突出出版产品的亮点和消费者关注的焦点。

4. 互联网广告

当互联网兴起后,出版企业也开始利用互联网这一媒介平台为出版产品做广告。主要是通过网站上的广告横幅、文本链接、多媒体等方式在互联网刊登或发布出版产品的相关信息。

例如,图7-5是360导航网站2014年8月22日的首页页面,左下方出现"《周鸿祎自述:我的互联网方法论》隆重上市"的页面广告。两天

后，360 董事长周鸿祎这本新书的发布会在京举行。

图7-5 《周鸿祎自述：我的互联网方法论》网络页面广告

此外，以互联网为平台诞生的微博、微信、短视频平台以及直播等应用，也已经成为出版企业营销的常规手段，具体运作方式将在下一节专门进行论述。

二、公共关系策略

公共关系，是指出版企业在从事市场营销活动的过程中，利用各种传播手段促进出版企业与消费者之间的了解，与消费者建立良好的关系，树立企业的良好形象，从而促进出版产品销售的一种活动。按照公共关系功能的不同，可分为五种类型的公共关系活动。

（一）宣传性公关

主要是运用上面提到的各种传播媒介，采用撰写新闻稿件、深度报道、书评等软广告的形式，向消费者传播出版企业的社会责任感、出版产品的良好社会反响或出版企业优秀员工的风采和事迹等，以此在消费者心目中树立企业的良好形象，对企业、产品及员工都能产生认同感。而这正是消费者愿意购买产品的前提。例如，近年来我们时常从新闻报道中看到关于磨铁图书的消息。如2010年5月，磨铁成为首批入驻北京出版创意产业园区的文化创意企业之一。2011年9月，磨铁代表园区迎接中共中央政治局常委李长春一行的视察调研，受到高度评价。这些报道无疑会提升磨铁图书在消费者心目中的品牌形象，促进消费者对其出版产品的购买。

（二）征询性公关

主要是出版企业通过开办咨询活动、制定调查问卷、举办信息交流会等多种形式与消费者沟通，以获取有利于出版企业或出版产品得以改进的有益信息，为出版企业的管理决策人员提供决策依据，从而更好地为公众服务。例如，图书大厦举办消费者座谈会、某新书举办阅读分享会等都属于这类公关策略。

（三）交际性公关

这类公关活动主要是为了出版企业与出版产业价值链上的供应商（内容供应商和生产材料供应商）、经销商（批发商和零售商）、媒体记者、营销中介等维持良好的合作关系。活动形式除了通常的节日慰问、专访之外，出版企业往往还会针对公众关注的问题和有利于企业发展的热点问题举办专题活动，进行深层次的话题交流。目的在于通过交际性公关所具有的直接、灵活而富有人情味的交流特点，为企业广结良缘，巩固与价值链上的利益相关者的合作。例如，三联书店总编辑李昕在其《做书》一书中透露，为了保持与作家王蒙的长期合作关系，每逢过年他都要亲自去王蒙家中拜访，向老先生恭贺新春的同时也能在闲聊中获知有无新作可供三联书店出版。

（四）服务性公关

这类公关活动强调的是出版企业的服务意识，通过开展各种惠民服务获取公众的了解、支持与信任。好的创意和服务是出版企业维持与消费者良好关系的坚实纽带。例如，著名的书业与阅读产业门户网站——百道网，一直专注于为出版数字化转型提供公共服务，连续几年策划"携手百道平台共襄国民阅读"专题。在"全民阅读"已上升到国家战略层面的今天，这样的服务性公关同样也是企业社会责任意识的一种体现。此外，用社保卡就可以借还书的路边自助图书馆、社区阅读中心等多种阅读服务形式的出现，在便民服务的同时，也树立了出版企业正面的公益形象。又如，2016年两会期间，在全国政协会议文艺组委员驻地北京会议中心，新华书店设立了临时图书销售场所。

（五）社会性公关

主要是指通过赞助文化、教育、体育、卫生等事业，支持社区福利事业，参与国家、社区重大社会活动等形式来塑造出版企业的社会形象，提高出版企业的社会知名度和美誉度。例如，在政府统一规划实施的"农家书屋"工程中，近百家杂志社、报社参与到捐助活动中。如《中国国家地理》杂志社向农家书屋工程发展基金捐赠了6万多册价值100万的图书，一时成为各媒体报道的焦点，达到了很好的公关效果。

三、人员推销策略

人员推销，又叫直接推销，是出版企业派出推销人员，面向目标消费者（包括经销商和终端消费者）进行直接的宣传介绍活动，使经销商或终端消费者采取购买行为的促销策略。例如，早在1995年创刊的《华西都市报》，当时首创"敲门发行法"，采用地毯式轰炸方式，聘用推销员挨家挨户敲门推销报纸，使得报纸在短期内销量大增。

人员推销是面对面交流，销售人员通过自己的形象、声音、动作、学识、个性直接与消费者交流，能够给消费者带来最直接的认知。好的销售员能够在短时间内获得消费者的好感与信任，同时及时双向的信息交流方式可以使消费者更快更全面地了解产品，刺激消费者的购买欲望。因此，人员推销对推销人员的素质要求比较高。推销人员不仅要热情真诚，善于表达，还要知识渊博，勇于进取。同时，人员推销的成本也相对较高。对于推销人员也有一系列的考核指标，比如产品的销售量（或销售额）、每月访问新顾客次数、一年内访问顾客次数、订货单增长额等等。

具体来说，人员推销包括以下三种类型：

(一) 上门推销

上门推销是最常见的人员推销方式。这种方式要求出版发行企业的推销人员携带书目或出版物样品、相关宣传资料和订单走访消费者，直接向其推销产品。这里的消费者主要指出版物的经销商，包括实体经销商和网络电商。电商是目前所有出版企业进行推销时绝不能忽视的重要环节。和电商代表进行具体销售事宜的商讨，也是出版企业营销管理人员日常工作中的一个重要环节。

(二) 门市推销

通俗来说，就是在出版产品的零售终端场所进行的人员推销。通常，零售终端的出版产品品种较多，这时推销人员的引导和推荐对于促成消费者购买至关重要。推销人员对产品是否了解、说话是否得体、方法是否恰当、态度是否真诚都将影响消费者的最终决策。有些消费者为了购买某一本书去逛书店，但却有可能因为书店导购员的不友善行为而最终放弃购买。所以，这种推销形式尤其需要强调推销人员提高自身的素质和学习推销中的艺术。

(三) 会议推销

会议推销是指利用各种会议向参会人员宣传和介绍出版产品，开展推销活动。出版企业的营销人员可以利用各种类型的书展、图书订货会、读书会等场合向经销商或消费者展示、介绍和销售出版产品，也可以通过专门在会议现场策划的讲座、研讨会、分享会等活动，集中推销某一本或一个系列的出版产品。利用会议推销，接触面广且推销对象集中，可以同时向多个对象推销产品，效率高且效果也很好。此外，大型会议通常少不了媒体的现场报道，这无疑又为出版产品的宣传打开了一扇通向更多消费者的大门。

四、营业推广策略

营业推广,也称销售促进,是指出版企业在一定时期内采用短期诱因对消费者进行强烈刺激,激发消费者的购买欲望并促成迅速购买的一种促销手段。作为一种辅助性促销方式,营业推广的即期促销效果显著,但短期刺激可能导致消费者的顾虑,对品牌形象也有一定损害,同时竞争对手也很容易模仿。

针对经销商和消费者,营业推广的方式有所区别。针对经销商,营业推广的主要目标是介绍新产品,动员经销商采购本企业的出版产品或增加库存量,争取批发商的协作,积极反馈来自零售商的销售信息。对经销商的营业推广方式主要是在销售地点举办展览会、提供购买折扣、提供广告或展示陈列津贴、举办经销竞赛等。针对消费者,营业推广的主要目标是在短期内提高消费者的购买量,提升消费者的品牌认知度和忠诚度。针对消费者的营业推广方式主要有以下几种。

(一)图书陈列

舒适的书店环境能够激发消费者的购买欲望。实体书店的装潢设计、音乐氛围以及图书的陈列方式,都决定着能否让消费者在现场产生购买的欲望。因此,尽管不能起到直接的促销作用,但图书陈列仍是营业推广的一种有效且必要的手段。

(二)图书展销

所谓展销,既有展览,又有销售,是将图书展览和销售结合进行的一种发行方式,也是一种有效的营业推广手段。图书展销可分为定期在固定地点举办的大型展销和不定期为配合某些纪念活动临时举办的专题展销。由于图书品种的专题性、时间的特殊性以及空间上直接接触的便利性,图书展销往往能够有效地促进短期销售。

(三) 读书活动或讲座 (研讨会)

举办读书活动或讲座、研讨会是一种更高层次的营业推广手段，主要在一些有条件的大中城市的图书馆、书城或独立书店进行。这样的活动通常会设置和图书内容相关的主题，有些甚至就是图书作者本人的讲座。愿意参加活动的消费者通常也是图书的目标消费群体，因此在活动现场的促销作用明显。

(四) 作者签名售书

作者签名售书兴起于20世纪80年代，至今仍然是行之有效的营业推广手段。随着明星出书热潮的兴起，以及将作者打造成明星的运作方式的普及，签名售书更加受到粉丝的关注和追捧，促销效果非常显著。

(五) 折扣促销

随着图书电商的兴起以及竞争的加剧，打折促销一直没有停止。每当节假日到来的时候，电商打折促销的力度就会更大，很多新书一上市就以较低折扣进行销售。很多实体书店面对电商的低价折扣已经难以为继。这也从侧面反映出打折促销的积极作用。这种营业推广的方式在业界已经产生争议，甚至有人提出禁止网店打折销售新书。

(六) 赠品

也就是买书的同时随书附送礼品。这些年出版企业策划的赠品种类越来越多样，从书签、徽章、笔记本这些小物件到高跟鞋、彩妆盘甚至行李箱等，应有尽有。如果赠品既能与图书本身产生强关联性，又能和目标读者的特征、阅读习惯精准匹配，那么对图书的销售就意义重大。2014年的上海书展上，优质赠品直接带动了20册"企鹅经典"精装版套装的热销。这套书售价1580元，但附赠一款限量版行李箱。这只行李箱以凯鲁亚克名作《在路上》为主题，以企鹅经典的三段式封面设计为整体图案，由名牌箱包厂家代工。书展首日不到 1 小时 10 只行李箱便被送出，书展第四天 500 只行李箱便全部赠完。当被问及买这套书的原因时，很多读者表示是因为抵挡不了限量版行李箱的诱惑。可见随赠的行李箱对这套图书的销量贡献巨大。

第二节　出版企业的社会化媒体营销策略

近年来，互联网发展的一个显著特点就是社会化媒体的崛起。社会化媒体的社会影响力与日俱增，也成为传统媒体转型融媒体发展过程中必须加以利用开发的对象。不知你是否注意到，抖音的 2020 年度涨粉达人榜中，位列前两名的竟是"人民日报"和"央视新闻"。以向受众进行精准的内容传播的传统媒体已在社会化媒体领域深耕细作，那么以向消费者进行精准的产品售卖的企业在营销中对社会化媒体的使用则更加如火如荼地进行，出版企业在出版产品的营销中也必然如此。

所谓社会化媒体，指的是人们彼此之间分享意见、见解、经验和观点的工具和平台，目前常用的包括博客、微博、播客、社交网站、内容社区、BBS 论坛以及即时通信工具。毋庸置疑，这些社会化媒体极大地改变了人们的信息获取方式，更为重要的是甚至改变了人们的生活方式。当前，人类已经步入社交网络时代，社会各行各业随之发生深刻变革，营销领域亦是如此。利用社会化媒体进行营销，在当前出版企业的营销工作中占有举足轻重的地位。

一、微信公众号营销

出版企业可用作营销的微信公众号主要有两类：一类是出版企业自己创建的微信公众号，包括出版社公众号和图书公司公众号；一类是出版企业可用作营销的其他公众号，包括渠道公众号和社群公众号（见图 7-6）。

```
                    ┌─ 出版社公众号
      ┌─ 出版企业自己 ─┤
      │  创建的公众号  └─ 图书公司公众号
微信  │
公众 ─┤
号    │  出版企业可用   ┌─ 渠道公众号
      └─ 作营销的其他 ─┤
         公众号        └─ 社群公众号
```

图 7-6　出版企业用作营销的微信公众号

(一) 出版企业自己创建的微信公众号

1. 运营基本情况

出版企业指的是出版社和图书公司，这里要讲的是以这两类出版企业作为账号主体的微信公众号的运营情况。2014 年下半年开始，我国一些出版社和图书公司开始试水微信公众号营销。《出版人》杂志从 2015 年开始对我国出版社和图书公司的微信公众号影响力展开持续追踪调查。2019 年，通过对 240 个出版社、91 个图书公司的微信公众号运营进行实时监测，最终呈现的 Top 10 榜单如下❶（见图 7-7 和图 7-8）。

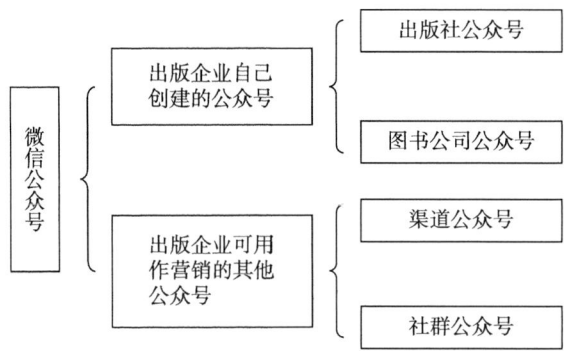

图 7-7　2019 年出版社排行榜 Top 10

---

❶　于冬冬：《2019 年哪家出版机构公号做得最好?》，微信公众号"出版人杂志"，2020-01-20。

排名	去年排名	公众号	账号主体	指数
1	1	书单来了	读客文化股份有限公司	1696
2	3	看理想	北京看理想文化传媒有限公司	1607
3	--	影单来了	读客文化股份有限公司	1555
4	2	飞乐鸟	成都飞乐鸟教育咨询有限公司	1486
5	4	易中天	果麦文化传媒股份有限公司	1413
6	6	极简史	新经典文化股份有限公司	1346
7	5	每晚推一本好书的熊猫君	读客文化股份有限公司	1311
8	10	理想国imaginist	北京理想国时代文化有限责任公司	1305
9	--	卖书狂魔熊猫君	读客文化股份有限公司	1301
10	7	万唯中考	陕西万唯教育图书有限公司	1295

图 7-8　2019 年图书公司排行榜 Top 10

注：榜单按照年度指数排列，年度指数根据每月收集的各公众号总阅读数、头条阅读数、平均阅读数、最高阅读数和总点赞数加权计算得出。

纵观排名前十位的出版社公众号，账号主体多为专业类出版社，分布在教育、医药、经济、管理、文学、外语等专业领域。例如，"人教教材培训"，定位精准，为全国中小学教师和家长提供优质教学资源和专业教育指导，文章直击教师或家长的痛点和需求，具备排他性的专业优势，因此长期占据出版社公众号榜首位置。

图书公司微信公众号的影响力指数总体高于出版社，前十位以擅长畅销书运作的民营图书公司为主，包括读客、果麦、新经典文化以及知名出版品牌"理想国"运营的公众号。读客旗下的"书单来了""影单来了"已经不只是局限于出版业内，它将内容定位于读书、观影的推荐，这是人们日常生活中普遍的需求，因此其先天就具备出圈效应，加之有效的管理和运营，使得通过公众号平台的营销传播更加广泛，效果更加显著。

微信公众号的影响力，关键取决于其推送文章的频次和阅读量。我们可以通过《出版人》杂志提供的监测数据了解这方面情况。以下数据来源于《出版人》杂志 2020 年 11 月 15 日—12 月 14 日对各出版社和图书公司的微信公众号运营情况的监测。

这一个月里，出版社 50 强中有 25 家公众号实现每日有更新，有 41 家公众号更新次数超过 20 次。50 强公众号总共发文 2826 篇，其中阅读量 10 万以上文章共 11 篇，均来自排名前三的公众号，"人教教材培训"阅读量 10 万以上文章 4 篇，"保密观"阅读量 10 万以上文章 6 篇，"人卫健康"阅读量 10 万以上文章 1 篇。（见图 7-9）

排名	公众号	阅读数				点赞数	指数
		总数	头条	平均	最高		
1	人教教材培训	1825200	1318246	29921	100000	17515	1541
2	保密观	1022372	902652	46471	100000	4690	1487
3	人卫健康	1098747	596990	12074	100000	6119	1375
4	管理的常识	1003952	667926	13753	42288	3956	1353
5	药圈网	1143691	580692	8664	50003	3427	1322
6	外研社Unipus	880672	658876	7934	69652	4595	1309
7	身边的经济学	746787	547667	10092	39445	2531	1287
8	清华大学出版社	693282	493097	7536	32693	4097	1262
9	悦读中医	655809	407375	7998	22023	2382	1238
10	书圈	514566	398505	3385	40517	1281	1150

图 7-9　2020 年 11 月 15 日—12 月 14 日出版社微信公众号影响力排行榜 Top 10

图书公司 30 强公众号平均每日推送 1.92 篇文章，平均阅读量为 9821。头部公众号多能保持日更状态。一个月的总发文数量为 1724 篇，其中阅读量 10 万以上文章共 30 篇，来源于"书单来了""看理想"与"易中天"三大公众号。其中，"书单来了" 30 天内更新 29 次，共发布 63 篇内容，平均点击量为 58826，产出 18 篇阅读量 10 万以上的内容。"看理想"每日均有更新，共发布 60 篇内容，平均点击为 44976，产出 10 篇阅读量 10 万以上文章。"易中天"更新频率低但质优，仅发布的 5 篇内容中就有 2 篇获得 10 万以上的阅读量，分别为《南方和北方》《替宋江拿个主意》。（见图 7-10）

排名	公众号	阅读数				点赞数	指数
		总数	头条	平均	最高		
1	书单来了	3706031	2558292	58826	100000	14107	1677
2	看理想	2698562	2201230	44976	100000	32857	1641
3	影单来了	1347668	1218581	38505	99558	5480	1506
4	易中天	361755	335381	72351	100000	6779	1423
5	飞乐鸟	1303624	911908	11640	61944	12726	1403
6	星火英语四六级	1224917	740197	11892	84424	1606	1353
7	极简史	424376	424376	24963	58251	3917	1327
8	理想国imaginist	518620	486602	17883	43193	3346	1309
9	万唯中考	809467	571836	10378	36206	3239	1300
10	新经典	562023	509096	13070	32308	4757	1293

图 7-10　2020 年 11 月 15 日—12 月 14 日图书公司微信公众号影响力排行榜 Top 10

表 7-1 列举的是六大公众号产出的有代表性的 10 万以上阅读量的文章。

表 7-1　2020 年 11 月 15 日—12 月 14 日出版企业公号 10 万以上阅读量的文章

公众号	10 万+文章
保密观	《肖恩·康纳利去世：风靡全球五十余年，"007"电影背后究竟隐藏了多少秘密？》
人教教材培训	《今天是国家公祭日，请告诉孩子，这些人和事我们永远不能忘！》
人卫健康	《青光眼会致盲，经常头疼脑涨、恶心乏味需警惕！》
书单来了	《"打死也读不下去"榜单的 NO.1，到底是本啥书？》
看理想	《刘瑜：请势不可挡地成为一个普通人》
易中天	《南方和北方》《替宋江拿个主意》

2. 出版企业微信公众号的营销方式

出版企业设立微信公众号的目的主要是产品销售、品牌推广和 O2O（Online To Offline）互动引流。具体方式主要有以下几种：

(1) 以图文混编的文章推送为主，但不同公众号推送频率差异较大。运营微信公众号需要具有一定的新闻敏感，能紧密联系社会热点事件或公众热议话题推出文章，并无缝衔接地顺势推出本社出版的与热点有关的书籍。这是公众号推送中最常使用的营销手段之一。

法国当地时间 2019 年 4 月 15 日下午，巴黎圣母院遭遇有史以来最严重的一次火灾，令世人唏嘘不已。各出版公众号快速反应，紧跟这一新闻热点，结合自身资源特色从不同角度推送文章。例如，广西师范大学出版社在 4 月 16 日推送文章《为了重新认识巴黎圣母院，我从仓库里找出了 2002 年出版的这本绝版书……》，主要介绍了一本已绝版的书——著名翻译家柳鸣九的作品《巴黎散记》，随后用"虽然这本书已经绝版了，但你可以通过下面这些书认识巴黎"这句话引出本社分别在 2009 年、2013 年和 2016 年出版的书籍《流亡的巴黎》《读书年代：带上所有的书回巴黎》和《巴黎往事》。

美国当地时间 2021 年 1 月 6 日中午，美国总统特朗普的支持者在首都华盛顿举行大规模支持特朗普和反对拜登当选的示威游行活动，示威者与警方发生冲突并闯入国会，引发混乱。新闻事件发生不到半天时间，"看理想"公众号迅速推文《一觉醒来"见证历史"，为何冲突与混乱频繁发生？》，主要内容来源是看理想 App 已上线节目——清华大学社会学系副教授严飞老师主讲的《像社会学家一样思考》，围绕"社会失范"这一中心议题展开深入的学术探讨。行文过程中围绕相关内容推荐了五本书，分别是三联书店出版的《社会分工论》、商务印书馆出版的《旧制度与大革命》、北京大学出版社出版的《暴力：一种微观社会学理论》、上海人民出版社出版的《集体暴力的政治》以及广西师范大学出版社出版的《乌合之众——大众心理研究》。文章结束后，紧接着是付费"图文+音频"节目《像社会学家一样思考》的购买链接，以及 2020 年 10 月由理想国出版的新书《穿透：像社会学家一样思考》的购买链接。短短几个小时，这篇文章就获得超过 10 万的阅读量，可想而知，其主推的图书和音频节目必然也能在更广泛人群中得到推广。

(2) 视频音频推送。除了图文推送，视频和音频推送也是公众号使用频率很高的内容输出方式。2020 年末最后一天，"易中天"公众号推出易中天跨年演讲视频《2021，武汉，重新上场》，瞬间刷屏，获得超过 10 万的阅读量。易中天老师那份对武汉的深情、对逝者的哀思和对生活的信念，感染了无数人。账号主体果麦文化在全国人民辞旧迎新之时借助这一视频有效地传递了其品牌形象。

果麦在 2020 年 12 月出版葡萄牙国宝级诗人费尔南多·佩索阿的诗集《我的心迟到了：佩索阿情诗集》。除了利用"为你读诗"公众号做联动推荐，果麦自家的公众号"2040 书店"在 2021 年 1 月 7 日推送名为《当万物沉寂，此时我想你》的头条，分享的内容是由果麦董事长路金波和主持人李蕾共同朗读诗集收录作品《当万物都是虚无》的音频。显然，相较于单纯的文字信息，通过配乐诗朗诵的形式进行诗歌内容的传递，更加符合诗歌的传播特点，因此也更容易引起读者的情感共鸣。

2020 年初微信上线视频号，从入口、流量、内容、商业化上全方位赋能，不断壮大。但从目前来看，出版企业对于视频号的运作仍处于探索阶段。《出版人》对出版机构的头部公众号进行抽样调查后发现，尽管有不少公众号的认证主体已经开通了视频号，但并未利用公众号进行导流，视频号的整体数据表现较差。❶ 今后视频号也将成为出版企业公众号运营中的重要组成部分。

(3) O2O 互动。理想国定期在各地召开读书沙龙活动和线下分享会，并将其作为微信公众号的重要内容来源。黑天鹅图书微信公众号推送的内容中包括大量线下活动的预告和直播。北京大学出版社公众号运用微课、讲坛实录等方式实现线上线下联动。微信公众号是其出版主体的宣传平台，线上宣传能够有效地为线下活动引流预热，而线下活动内容也为线上推广提供更加丰富的资源。同时，微信公众号也是出版企业与读者进行沟通交流的平台。读者的留言评论、向读者征求意见和建议以及给读者发放福利等活动，都能够在微信公众号中实现。

---

❶《过去一个月哪家出版机构公号做得最好?》，微信公众号"出版人杂志"，2020-12-24。

（4）开设微店销售渠道。当前大多数出版机构都已经开启微店售书模式。推送文章页面的最后通常都附有购买微店或小程序的链接，便于读者下单购买。有些出版社自营微店的销售以自家图书为主，如磨铁旗下的"黑天鹅图书"微店只销售磨铁的图书。有些出版社将微店进行特色经营，如人民文学出版社的官方微店"人民文学出版社作家签名书店"，它只卖人民文学出版社出版的作家签名版图书。这种小而专的经营方式，辨识度极高，在市场中独树一帜，具有不可替代的竞争优势。

出版企业自营微信公众号的营销，也仍有一些问题有待解决。其一，微信公众号营销的实质是出版机构利用微信平台与目标消费者建立并维持关系以促成最终的购买。联结的纽带是推送的内容。所以，如何针对目标消费者推送最具特色、最优质的内容，是出版企业首要思考的问题。出版机构需要有优秀的微信内容生产者。其二，和当当、天猫等图书销售电商比较，出版企业微店的销售优势在哪里？精选、定制是其发展方向。定期推出不同的主题策划，帮助消费者精选产品，做消费者的阅读把关人。如浙江文艺出版社为作家陈丹燕的《行走时代》专门建立微信公众号，除了提供阅读服务外，还提供旅行服务，介绍陈丹燕独特的旅行体验，包括博物馆旅行、咖啡旅行等路线。微店将向多元化的服务平台发展。其三，通过微信公众号做好线下活动的宣传至关重要。如果长期直接发布活动预告，会引来消费者的反感，且目前各出版企业微信公众号的订阅用户仍然有限。因此，活动宣传也要提升消费者的参与度，微信公众号也应树立为客户服务思维。企业可以尝试将消费者引入图书选题、编辑、设计等环节，充分发挥其积极性，让他们从文化产品的接受者变成直接参与者。

（二）出版企业可用作营销的渠道公众号和社群公众号

出版企业除了通过自己创建的公众号进行营销，还经常利用渠道公众号和社群电商公众号进行产品推广和销售。

图 7-11 是《出版人》杂志列出的 2019 年渠道公众号 Top 10 排名。

排名	去年排名	公众号	账号主体	指数
1	1	百草园书店	无锡市百草园书店有限公司	1944
2	—	十点书店	厦门十点书店管理有限公司	1343
3	2	单向街书店	北京单向街文化邮箱公司	1338
4	4	当当读书汇book	北京当当网信息技术有限公司	1147
5	—	浙江省新华书店集团	浙江省新华书店集团有限公司	1135
6	—	博库网	博库网络有限公司	1094
7	3	中信书店	北京中信书店有限责任公司	1044
8	—	慢书房	苏州慢书房文化传播有限箱公司	1035
9	6	西西弗书店	重庆西西弗文化传播有限公司	998
10	8	南京先锋书店	南京先锋书店	971

图 7-11　2019 年 11 月 15 日—12 月 14 日渠道排行榜 Top 10

"百草园书店"影响力为所有渠道新媒体中之最，365 天每日清晨不到六点固定更新，"每天清晨百草园用美文、声音、故事和你说早安"，它的头条推送几乎每篇都有超过 10 万的阅读量。此外，"十点书店""单向街书店""当当读书汇 book""慢书房"都以日更的频率及优质的内容，得到受众青睐。因为这些渠道被高频使用和高度关注，通过这些渠道进行图书的推广和销售也自然成为出版企业运营中的常规动作。

出版企业与社群电商的合作在上一讲我们已做过分析，这里侧重谈的是出版企业对社群电商公众号的使用。"买童书，就来大 V 店"。大 V 店，成立于 2014 年 10 月，是母婴类社群电商代表，主营产品为图书音像和母婴用品，累计上架图书 2100 余种，绘本类占比达 90% 以上。大 V 店不追求品种的齐全，而是对出版社的拳头产品和重点产品进行重点推荐。在其微信公众号上的销售主要通过团购、限量超值秒杀、组团等方式进行。二十一世纪出版集团是入驻大 V 店的第一批专业少儿出版机构之一，与大 V 店联手创造出多款爆品，如《小熊宝宝 EQ 绘本》《开车出发》等。

电子工业出版社 2015 年推出提升 3~6 岁儿童数理能力的系列丛书——《今晚七点半，我家的游戏是数学》，该书销售未满 2 个月即成为排行榜名次上升最快的单品图书。这和它在"大 V 店"微信公众号上得到的密集推广关系密切。上市前,"大V店"通过图书漂流的方式进行预热。通过图书漂流,参与人在自己的朋友圈等自媒体渠道分享图书信息,为图书销售建立舆论基础,通过读者反馈可为图书上市做出更合理的安排。上市后,举行线下活动与线上分享联动,邀请作者和编辑为大V店的妈妈们分享图书以及亲子育儿知识。大V店卖家通过自己的转发又能够影响更多读者。

总体来说,出版企业公众号的独创优势内容是产品营销的着力点,而针对出版产品的特性选择合适的社群电商平台是营销的助推器。社群电商平台多且杂,出版企业一定要选择与出版产品目标读者吻合度高的社群电商平台,才能保证信息传达的有效性和提升实际购买的转化率。

二、短视频营销

2013年,起始于新浪微博附属视频工具"秒拍"的上线和腾讯推出8秒短视频软件"微视",我国社交短视频开始登上互联网的"大舞台"。随后,抖音、快手、梨视频、西瓜视频、火山小视频以及哔哩哔哩等短视频平台逐个登场,竞争异常激烈的同时,也促成短视频行业异军突起,成为炙手可热的新兴传播媒介。与此同时,短视频用户也与日俱增。截至2020年6月,我国短视频用户规模达8.18亿,占网民整体的87%。❶ 观看短视频已成为许多人的日常生活习惯。生动的表现形式、精准的社群定位、强大的传播能力以及较低的准入门槛,促使短视频成为继微博和微信之后又一营销利器。出版企业也开始短视频营销的实践探索。"出版+短视频"模式已然成为我国出版业营销新趋势。

(一)我国出版企业短视频内容生产方式

短视频营销仍遵循"内容为王"原则。当前,我国出版企业短视频内容的生产制作方式主要有三种:出版企业自制短视频、出版企业与专业的

---

❶ 中国网信网:中国互联网络信息中心(CNNIC)发布第46次《中国互联网络发展状况统计报告》,2020-09-29,网址:http://www.cac.gov.cn/2020-09/29/c_1602939918747816.htm。

短视频平台合作以及出版企业与短视频达人合作。❶

1. 出版企业自制短视频

从实践来看，出版企业依据自身资源优势进行短视频制作，营销效果突出。人民文学出版社是较早进行短视频营销的出版企业之一，粉丝数量一直位居出版社抖音账号前列。它在视频内容上凸显其在中外文学领域的资源优势，为文学爱好者推荐优质作品，着力打造文学类短视频品牌。人文社曾围绕我国四大名著、《诗经》《史记》《哈利·波特》《庆余年》等作品推出多个爆款视频。2019年改编自猫腻小说的网剧《庆余年》受到观众热捧。作为图书出版方，人民文学社趁势抓热点，于12月4—19日先后发布了7条与《庆余年》相关的短视频，内容包括影视镜头创意剪辑、实体图书开箱测评及方言挑战图书内容等，利用热播剧的影响力促使《庆余年》图书销量获得指数级增长。❷

作为"数字阅读第一股"的掌阅科技，进入短视频营销领域后短短几个月就取得成功，与其对优质内容的坚持密不可分。它充分利用抖音短视频算法推荐，多次打造爆款图书短视频。其首条爆款来自旗下的"掌阅读书实验室"，视频内容主要是介绍一部较冷门的经典名著《自私的基因》。视频只有短短的47秒，却实现了单条播放量超1200万，点赞数突破35.2万，粉丝量达到20万。掌阅科技制作视频之前，会按照相应的标准组织选题，对图书进行严格筛选，在确定图书之后对其内容进行深度挖掘，以求在有限的时间内把最完整、最优质的内容呈现给短视频受众。❸它还开创了真人出镜形式的推广模式，根据不同的账号不同的属性定位，分配不同风格的主播，真人出镜并加上道具和音乐等元素，营造特有的场景氛围，进一步增强了用户黏性。

---

❶ 陈钜弘：《移动互联网时代出版业短视频营销研究》，载于《出版科学》，2019年27卷第4期，第80页。

❷ 田永江：《图书短视频营销的实践探索与路径升级——以人民文学出版社为例》，载于《中国出版》，2020年第11期，第38页。

❸ 李莉：《浅析掌阅科技图书短视频营销成功之道》，载于《视听》，2020年第5期。

2. 出版企业与专业的短视频平台合作

这是一种借助于专业短视频平台力量开展短视频运营的模式。短视频平台比出版企业拥有更加丰富的短视频运营经验,与之合作,出版企业可以取长补短,少走很多弯路。通常,出版企业要与专业短视频平台签订合作协议,由短视频平台的专业策划团队为出版企业量身定制短视频广告。它可在对出版产品用户需求特征进行分析的基础上,为出版企业短视频制作提供创意方案并进行全程数据跟踪,帮助出版企业精准监测信息传播数据,实现传播效果的最大化。

专业短视频团队因拥有平台数据资源优势,可通过大数据分析和算法推荐,帮助出版企业更深入地了解用户,实现短视频与目标用户之间的精准匹配。例如,中信出版社出版的《S. 忒修斯之船》一书,通过与抖音平台合作开展线上营销活动,取得良好口碑效应,迅速成为抖音"网红图书",引发购书热潮。❶

此外,出版企业还可以借助专业短视频平台的品牌影响力,开展图书营销业务。例如,我们经常在当当或京东平台某书的销售页面上看到"抖音推荐"字样,以凸显这本书受到网民热捧,"网红"特质凸显。2016年4月,安徽少年儿童出版社推出了一套非常炫酷的立体书《3D 西游记》。一经上市就成为爆款,抖音短视频营销功不可没。在电商平台推广页面上,"抖音同款,马德华推荐"的字样尤其醒目。"代入感和真实感是《3D 西游记》视频制作的原则,以读者的感受作为视频场景,直接呈现其翻阅立体机关时看到的新奇酷炫,配上动感十足的西游音乐,能快速抓住人心。"视觉冲击加上《西游记》情怀,该视频顺利促使用户认同并自发传播,获得点赞60万,一周卖出1万册。"❷ 此后,出版方又在腾讯视频上传了一段7分钟的长视频,内容包括立体书的展示,创造团队的想法与

---

❶ 陈钜弘:《移动互联网时代出版业短视频营销研究》,载于《出版科学》,2019年27卷第4期,第84页。

❷ 李多:《短视频下半场,出版社怎么破局》,《中国新闻出版广电报》,2019-04-26, https://www.sohu.com/a/310575027_99957183。

创意，还有电视剧中猪八戒扮演者马德华老师的点评，进一步维持关注度，促成该书持续的销售热潮。

3. 出版企业与短视频达人合作

国内各大短视频平台上有很多有趣有创意且粉丝黏性很高的达人，出版企业很乐意选择粉丝与其图书目标读者高度吻合的短视频达人开展合作，制作各类创意推广短视频。2020 年 B 站有一位 UP 主爆红，成为 B 站建站以来粉丝增长最快的 UP 主。他是中国政法大学教授罗翔。罗翔教授在 B 站的个人账号"罗翔说刑法"内容有趣又有专业水准，吸粉神速，粉丝数目前已达 1400 多万，播放量超 14 亿。2020 年 4 月 23 日第 25 个世界读书日期间，罗翔教授在 B 站以"读书等身，书伴终身"为主题的阅读推荐短视频中，向网友推荐《罪与罚》《复活》两本书。果麦出品的《罪与罚》在电商平台的展示页面醒目位置强调该版本是"刑法学人罗翔老师推荐版本"，可见果麦对短视频达人巨大号召力和影响力的重视。

出版企业也经常通过短视频达人的个人账号直接推广图书。在短视频平台上，一些网红博主拥有成百上千万粉丝，无疑成为巨大的流量入口，其中不乏阅读推广和图书营销达人。例如，抖音知识分享官"说书哥哥"，迄今已发布 270 个图书宣传短视频，梭罗的《瓦尔登湖》（四川文艺出版社）、典藏青春版《红楼梦》（新世相与果麦联合出品）、《哈利·波特 20 周年学院纪念版》（人民文学出版社）、薛兆丰的《经济学讲义》（中信出版社）、麦家的《人生海海》（新经典文化）等作品，已获得近一百万粉丝的关注。

短视频达人圈子中的粉丝，是基于共同的兴趣爱好聚集在一起，尤其适合某些特定类型图书的推广。例如，B 站 2018 百大 UP 主"文曰小强"，其短视频作品主要是主题阅读和影视评论。主题阅读方面以科幻类书籍的速读为主。他制作的《84 分钟速读〈三体〉大合集》短视频的播放量达到近 900 万次。显然，这样的 UP 主在粉丝中具有相当的影响力，出版社在推广科幻类图书时若能与之合作，就能最快地将图书信息精准地传递给目标读者，提升转化率。

(二) 我国出版企业短视频营销的关键

我国出版企业的短视频营销尚处于野蛮生长的原始期，能够持续获得短视频红利的出版企业只是市场中很少的一部分，短视频营销的运营模式仍有待进一步的探索总结。当前实践中凸显出的几个关键问题需要得到重视。

1. 短视频要把内容质量与创意放在首位

如果说"短"是短视频的天然属性，那么"长"则是图书区别于其他内容载体的最显性特征。看短视频是快消费，读一本书则需要较长的时间和投入更多的精力。能让人娱乐放松的短视频播放量更高，而能使人感悟成长的书籍才能成为经典一代代流传。图书和短视频，两者天生就是矛盾的对立面。因此，在营销中如何将短视频与图书相结合，在有限的时间内将图书的核心内容和独特卖点以有创意的形式表达出来，这一点格外重要。此外，短视频的制作水准也很关键。

例如，人民文学出版社点赞量颇高的一则短视频是关于文学常识的科普《中国和西方的凤凰有什么区别?》。在短短一分钟内，视频提炼出东西方文化中对凤凰的不同看法，并结合《禽经》《山海经》《女神》等文学作品总结出凤凰是一个美好的化身。但是，视频并没有枯燥地引经据典，而是以中国龙为切入点，添加各种类型的凤凰漫画和影视剧片段，最直观地显示出凤凰留在人们心中的第一印象。视频全程采用"脱口秀"形式，用网感化、快节奏的方式讲述凤凰历史，在极短的时间内不断制造爆点，吸引网友的分享转发。❶

如果出版企业拍摄短视频的目的是推广品牌形象，则更需要对短视频投放做好某一段时间内的长期规划。从内容的选题、视频的制作到投放的平台及播出频率，都需有统筹安排。比如，广西师范大学出版社在梨视频

---

❶ 田永江：《图书短视频营销的实践探索与路径升级——以人民文学出版社为例》，载于《中国出版》，2020年第11期，第38页。

开设官方账号,曾推出真人采访秀选题"中华路22号系列",以季播形式播出。内容包括以采访图书作者或译者为主的"名作者"系列、编辑作为主讲人推荐图书的"编辑说书"系列以及讲述文献图书采编历程的"珍稀文献背后的故事"系列。视频播出后很受书友欢迎。中长期的主题短视频策划,内容更加全面深入,更能展现一家出版企业的文化理念和出版情怀,潜移默化中引起读者的共鸣。

2. 短视频要搭建读者与图书之间的情感共鸣

如果没有情感共鸣,那么通过短视频来售书,就和电视购物相差无几。业内有个说法,短视频出版红利的兑现以张丹丹《妈妈总是有办法》这本书的爆火为标志。"因为《妈妈总是有办法》这本书,张丹丹成为抖音的流量寡头。因为张丹丹是流量寡头,所以带红了这本书。"❶ 2019 年10 月 23 日晚 8 点,《妈妈总是有办法》新书首发在快手直播间举行。直播一开,销售速度惊人,最高时段 10 分钟 1000 套。两个小时后直播结束,带货 2000 多套。晚 10 点,张丹丹继续转场到抖音直播,抖音是张丹丹的粉丝重镇,粉丝将近 500 万人。两个小时的直播结束时,销量超过4000 套。

主持人出身的张丹丹,从 2019 年 2 月 4 日开始,以两个孩子妈妈的身份在抖音上与父母们探讨各种育儿话题,粉丝很快增长到近五百万。短视频成为因育儿产生各种焦虑的妈妈们情感沟通的桥梁,张丹丹为她们答疑解惑,在长时间的沟通中建立起情感联结,获取到极为珍贵的"信任"。我们看到的流量只是表象,情感联结所带来的信任才是促使消费者下单的最根本原因。"短视频的成功,往往就是在于它们沟通了人类最初始的那么一点情感。""共情,这是解决读者、观众、创作者、出版者、竖屏与纸张之间复杂关系的最好钥匙。"❷

通过这个案例,我们应认识到,出版企业做短视频营销,归根结底是

---

❶ 谢明:《短视频的出版红利如何兑现?看看张丹丹这个案例就够了》,载于《出版人》,https://www.thepaper.cn/newsDetail_forward_7320513。

❷ 同❶。

要与图书的目标读者形成情感共鸣，更好的是能够获得读者的信任，由信任到购买的转化率远远高过单纯的流量。

3. 短视频营销要建立多渠道营销矩阵

目前，国内多数出版企业的短视频营销仅仅依靠一个账号或者一种短视频平台进行，未形成整合多渠道营销之势，很难形成强大的传播效果，流量变现也不容易实现。因此，出版企业做短视频营销也需要有整合思维，建立多渠道营销矩阵，以开辟更多的引流途径。

一方面，出版企业可根据业务种类及不同的市场细分定位建立多个垂直市场账号，进行差异化内容制作，在适当时候也能实现核心用户的相互渗透。比如，这方面掌阅科技做得就很周全。掌阅深入挖掘用户需求，账号有掌阅职场、掌阅亲子、掌阅读书、掌阅读书坊等，全面覆盖各垂直领域，开拓了更多流量空间，并通过淘宝直播等方式直观展示各类产品，增加用户黏性，实现流量的引入。

另一方面，出版企业应开发更多的短视频分发渠道，形成多渠道营销矩阵。

视频内容除了在短视频平台发布外，还可以向本企业的微信公众号、微博等社交平台同步推送，或通过优酷、腾讯、爱奇艺等传统视频网站发布。国内多数短视频平台均可通过微信、微博、QQ账号登录，直接与社交平台关联，为信息在各平台之间的传递和分享提供了极大的便利。出版短视频内容的跨平台分发有利于形成较大的声量，从而获取更多的用户关注。❶ 例如，掌阅科技制作的优质内容不仅在抖音、快手、微博等新媒体平台进行推送，还在腾讯、百度、学习强国等视频平台进行呈现，这样的营销矩阵更容易形成传播合力，增强传播效果。

4. 短视频营销要创新与用户的互动方式，引导用户参与其中

当前短视频平台的用户多为互联网原住民，他们不仅仅通过互联网获取

---

❶ 陈钜弘：《移动互联网时代出版业短视频营销研究》，载于《出版科学》，2019年27卷第4期，第84页。

信息，更重要的是需要通过互联网平台分享和传播信息，交流情感，表达个性。而出版企业在短视频运营中，与用户的互动方式仍停留在点赞、评论、转发等较传统的方式，用户较少有机会能够参与深层互动，尤其是有些用户还有热情和能力参与到短视频制作中却没有展示的空间，不免积极性会受到影响。这样的情况若长期存在，对出版企业来说就会造成用户流失。

对于出版企业来说，创新与用户的互动方式非常重要。出版企业除了重视 PGC（专业内容生产）外，还可以利用 UGC（用户内容生产）拓宽思路，鼓励用户参与短视频制作。例如，出版企业可针对某个产品项目策划短视频创作大赛，用以激发用户参与创作的热情，增加社群活跃度。此外，出版企业还可鼓励专业用户制作与企业品牌相关的短视频并在个人账号上进行推广，对于粉丝订阅数量较多的用户给予奖励。出版企业还可结合与自身营销需求相关的网络热点事件，设置讨论话题，营造社群中的交流氛围，鼓励用户围绕话题进行相关图书推荐视频的拍摄，择优进行更大范围传播推广。

最后，我们来谈谈直播营销。近几年，网络直播风生水起，开始出现在抖音、快手、微博、淘宝等各大社交媒体平台，直播营销也成为一种受到商家青睐的新的营销方式。尤其是从 2020 年年初开始，新冠肺炎疫情所带来的环境变化进一步推动消费者线上消费的需求，直播营销也有了更加广阔的用武之地。截至 2020 年 12 月，我国网络直播用户规模达 6.17 亿，占网民总体的 62.4%。电商直播用户规模达 3.88 亿，占网民总体的 39.2%。❶ 对于出版行业来说，直播营销也为出版企业带来新的商机。在疫情的倒逼下，出版从业者不得不转换经营思路，将营销的主战场从线下转移到线上，不断探索线上营销的新方式，直播营销恰好是一个可以尝试的新选择。2020 年 1 月，薛兆丰做客薇娅直播间，8 万本《薛兆丰经济学讲义》销售一空。这一战绩瞬间点燃了出版企业直播营销的热情。图书编辑、作者、阅读推广人，甚至社长总编，这些以往"躲"在图书背后的

---

❶ 中国网信网：中国互联网络信息中心（CNNIC）发布第 47 次《中国互联网络发展状况统计报告》，2021-02-03，http://www.cac.gov.cn/2021-02/03/c_1613923423079314.htm。

人，都开始尝试主播的角色，从幕后走向台前，展开直播带货。

疫情期间，人民文学出版社在一个月之内组织了十多场直播活动；中信出版社在 2020 年 2 月 10 日到 3 月 20 日组织了视频直播 151 场，语音群直播 40 场，涉及线上社群超过 300 个。掌阅科技"423 掌阅超级读书日——直播大赏"，全天共销售图书 6 万余册，近千万码洋，销售额超过 200 万元。❶ 2020 年 9 月 6 日，磨铁联合樊登读书，在快手平台以"每一本好书都值得被探索、被挖掘"为主题，进行专场直播，短时间内图书销量突破万册。可见，无论是出版社还是民营出版公司，无论是传统出版企业还是数字出版企业，都已将直播营销作为提升图书销量、传播品牌理念和加强读者沟通的重要营销手段。

概括来说，直播营销的主要优势如下：其一，内容更丰富。编辑、作者等人从不同角度进行精准、深入的讲解，有助于读者更好地把握精髓，提升读者的阅读兴趣。其二，形式更直观。读者通过直播可以看到作者、编辑，一定程度上满足了读者的好奇心，面对面的交流也更具亲和力和感染力，更容易获得读者的认可。其三，转化率更高。直播不仅可以维持既有读者，也可以开发更多的潜在读者。读者置身于更有煽动性的消费情景，比如限时优惠等活动，能够促成更高的购买转化率。此外，直播营销还有成本低、不受时空限制等特点。

从图书的特点来说，作者知名度高、内容优质、涉及选题契合时代热点，且话题性强，以及图书形式设计更多元的图书更适合利用直播进行推广。从图书类别上来说，少儿类图书、经管类图书、休闲读物则比较适合做直播营销。当然，每一本书都有其自身的特性，是否适合进行直播营销，或者最终是否进行了直播营销，取决于多种因素的考量，不可一概而论。

经过这次疫情的倒逼和历练，线上社会化媒体营销会得到进一步深度开发，能够比以往更加吸引读者的关注，也能达到更好的营销效果。线上

---

❶ 引自《经济日报》微博文章：《出版业拥抱电商新风口 如何玩转短视频和直播》，2020-06-22，https://baijiahao.baidu.com/s?id=1670183528975747149&wfr=spider&for=pc。

营销有线下营销不可替代的优势，其中最为关键的是它符合市场对未来营销的要求——直接面对用户，读者通过弹幕留言等多种方式可在第一时间做出反馈，有利于出版企业更快速更精准地把握读者需求，这是数字技术发展给出版业带来的福音。但我们同时也应看到，线下营销的一些功能，也并不是线上营销可以完全替代的。比如，实体书店必然需要在书店里举办各种营销活动以提升人气，如作者签名售书、阅读分享会等，这些线下活动创造人与人面对面沟通交流的机会，它给读者所带来的场景体验或是人际交流的亲切感，是线上营销活动无法做到的。总之，线上营销和线下营销各自都有其独特优势，无法相互替代。它们如同出版营销的两翼，共同发力才能让营销发挥最大效能，推动产品在市场中有更好的表现。

附1：

《营销策划案》写作大纲

第一部分：策划概要

此部分对整个营销策划案的核心内容做简要的概括介绍。

第二部分：市场分析

一、出版产品营销环境分析

1. 宏观环境

2. 微观环境

二、出版产品消费者分析

1. 消费者的需求和观念

2. 消费者购买行为

三、SWOT 分析

第三部分：出版营销策略

一、营销目标（预期效果）

二、出版产品市场细分和目标市场定位

三、营销组合描述

1. 产品策略

2. 价格策略

3. 渠道策略

4. 促销策略

第四部分：营销行动方案

一、营销主题及主题阐释

二、营销活动方案

1. 活动内容（主题）
2. 活动创意点
3. 活动目的
4. 活动预算

三、广告方案

1. 广告媒介
2. 广告创意
3. 广告表现
4. 广告文案
5. 广告预算

（广告媒介不同，广告创意则不同。根据不同媒介特点进行广告创意。）

第五部分：营销预算

综合预算营销所需的总体开支

第六部分：控制与反馈

阐述市场营销策划能够按时有效执行的方法和保障措施，自我评估营销活动方案的可执行性，以及获得市场反馈信息的方法。

附件：调研、访谈材料

附 2：

《花想容——美妆的历史》营销策划案

一、市场调查

(一) 环境分析

1. 经济发展带来古风亚文化群体的兴起

随着经济的发展和人民生活水平的提高，人们的消费需求开始升级换代，对文化知识方面的需求越来越高，对古典妆容文化感兴趣的人也越来越多，经济文化的发展带来亚文化与亚文化群体的繁荣。

2. 传统文化热

①随着各种古装剧的热播，影视作品中人物的妆容形象给观众留下了深刻的印象。比如说《如懿传》《延禧攻略》中贴近古代真实生活的妆容和服饰在社会上掀起了极大的浪潮，不少人对这些内容感兴趣，但是却找不到较专业的书籍来研究。

②"汉服热"在全国各地兴起，越来越多的人喜欢汉服，喜欢古装，进而对古典妆容文化有兴趣，对其技术有需求，然而市面上这种既包含文化又包含技术类的专业书籍少之又少。

③故宫系列彩妆受到消费者的大力追捧，表明结合了中国古典文化的彩妆确实很受欢迎，有大量的消费者是对结合中国古典文化的彩妆感兴趣的，就此猜想，应该也有很大部分人会对中国古典文化妆容感兴趣。

④《国家宝藏》中佟丽娅身穿唐装惊艳亮相，《国风美少年》播放量的持续高涨，《中国诗词大会》的热播，一方面把越来越多人的眼光吸引到中国传统服饰妆容文化上来，另一方面，也为我们的选题提供了极高的话题热度。

3. 政策环境

2017年，中共中央办公厅、国务院办公厅印发了《关于实施中华优秀传统文化传承发展工程的意见》，指出：实施中华优秀传统文化传承发展工程，是建设社会主义文化强国的重大战略任务，对于中华文脉、全面提升人民群众文化素养、维护国家文化安全、增强国家文化软实力、推进国家治理体系和治理能力现代化，具有重要意义。

妆容文化是中华民族的文化瑰宝，本书结合妆容的历史，传承了中华民族优秀的传统文化，响应了国家号召，帮助了政策的实施和落实。

（二）竞争者分析

1. 同类书市场分析

目前妆容历史书市场主要包含两类图书：妆容历史学术书以及古代妆容教程书，对于通俗古代妆容历史书市场仍处于空白。

书名	作者	出版社/定价	内容简介	读者对象	优点	不足
《鬓影红妆中国古典妆容发型实例教程》	蓝野 安洋	人民邮电出版社/119元	古装化妆造型教程。时间跨度：先秦时期—清末明初。篇章内容简介：朝代妆容背景+不同妆容步骤教学	1. 专业化妆造型师；2. 古风造型爱好者；3. 古风摄影爱好者	1. 内容优势：实例步骤教学+高清彩图+时间跨度看上去久；2. 营销优势：蓝野作为南京哲野造型设计有限公司董事长，该书可以在其公司内部售卖，团购；安洋作为知名化妆造型讲师，金鸡百花电影节化妆师，古装电视剧流行的当下，古装电视剧化妆造型师可能会买来借鉴	1. 妆面造型是按照现代人的化妆方法来做古装造型，历史还原度不高；2. 内容只适合古装电视剧化妆用，不适合现代场景；3. 作为一本教程书，排版太难看，图太多，步骤不够详细；4. 与市面上的其他教程书相比没有沾到历史的厚重，也没有获得古风爱好者的喜爱，也没有实用价值

续表

书名	作者	出版社/定价	内容简介	读者对象	优点	不足
《美人点妆国风妆容与盘发实例教程》	顾小思	人民邮电出版社/118元	国风妆容教程与盘发教程。内容除了朝代妆容教学外还包括《山海经》《西游记》《梨园戏曲》中的造型	1. 专业化妆造型师； 2. 古风造型爱好者； 3. 古风摄影爱好者	1. 内容优势：增加了男性妆容画法；热门古风摄影妆容实例教学有吸引力； 2. 营销方面：作者为知名美妆博主，有利于在微博上展开精准营销	1. 步骤介绍与图示不够具体； 2. 除了古风摄影师与古风爱好者之外，难以拓展开其他读者群
《国粹图典——服饰》	北京读图时代有限公司	中国画报出版社/35元	主要写中国古代服饰，在第一章里包含了"妆容、敷妆粉、画眉、点唇"的章节	1. 对中国古代服饰与妆容文化感兴趣的读者； 2. 相关研究人员与学生； 3. 古风化妆师	1. 专业、权威性； 2. 套书，使用大量珍贵图片	1. 文字表达偏向于专业化，缩小了读众群体； 2. 与妆容类图书比较，内容偏向于服装类（此处选择该书主要是为了借鉴其内容）
《脂粉春秋：中国历代妆饰》	李芽	中国纺织出版社/88元	目前看来较为系统的妆容历史书	1. 对中国妆容历史感兴趣的读者； 2. 相关研究人员与学生； 3. 古风化妆师	1. 专业、权威、系统； 2. 图片合理运用，版面增加了活泼感； 3. 增加了古今对比的部分	1. 从目录上来看依然有些枯燥； 2. 可以结合新媒体技术，增加更多能吸引当代读者的部分
《漫话中国妆容》	李芽	东华大学出版社/36元	从中国古代彩妆的敷粉、擦胭脂、描眉染黛、点唇、贴画面饰、染甲几大步骤介绍了中国传统护肤、护发、美妆大基本步骤与方法	1. 对中国妆容历史感兴趣的读者； 2. 相关研究人员与学生； 3. 古风化妆师	1. 专业、权威； 2. 从护肤、美妆大步骤出发，表面上讲古代护肤美妆，其实在讲历史	学术类文章，"缠足"一章虽然有学术价值，但是却没有大众传播的价值

2. 企业与出版社分析

①中信出版社：

书很有时代特征，出了很多畅销书。以经管类书籍起家，商业、金融、财经、传记类做的比较好。封面设计、装帧较高端，给人印象很深。

运营方面做得很成功，发行渠道遍及网上书店、全国各省市主要书店，以及机场、超市等图书卖场，并拥有首都机场 T3 航站楼等机场的书刊经营权。

②新经典文化：

以内容创意为核心，主要业务包括图书策划与发行、数字图书、图书零售，以及影视剧策划等版权延伸业务，因此其图书很容易进行产业链的延伸。

出版过马尔克斯、东野圭吾、路遥等人的书。对图书首重质量，做的图书几乎每一本都是经典。论纯文学，有马尔克斯这样的泰山北斗，轻松点儿的还有安妮宝贝（庆山）、三毛、张爱玲、张小娴，所以从各个读者群来说，新经典的书都是具有代表性的。

③磨铁图书：

致力于生产大众阅读类图书，是中国最具影响力的大众类民营图书公司。

旗下子公司天津磨铁星亚影视传媒有限公司涉及影视剧的开发、制作、发行等业务，得以拓展图书版权的衍生品的全方位合作运营。拥有 11 条成熟产品线，其中三大产品线的市场占有率排名前十：大众绘本漫画类产品排名第一；心理自助类产品排名第四；小说类产品排名第六。

3. 读者调查结论

①读者对图书定位的态度分析：

经过读者调查，对图书定位做出了改进：减弱美妆部分，改成以美妆为切入点，讲述历史，使得图书定位更清晰明确，也扩大了受众范围。

②询问其对于同类书中的《鬓影红妆》《脂粉春秋——中国历代妆饰》的看法：

选择这类美妆历史书的人，应该是热爱古风、美妆或者历史的人，要做到吸引他们，我们的书要尽量做到通俗、易懂、有趣味性，增强可读性；并且有实用性，介绍的技巧能简洁方便的在日常生活中用到，多一些实用性工具和知识。

③对这本书的预期：

要将本书打造成为轻美妆历史书，装帧设计要体现出古风和美感，内容对现在要有指导意义，具有一定的实用性，既要准确还原历史，也要保证其趣味性和实用性。另外可以加入古代发饰、化妆品、作息、饮食养生等内容。同时，在考虑成本的情况下可以考虑加入新兴技术，或者在营销的过程中加入技术。

④美妆历史与美妆教程，更加偏向于哪一个：

读者更希望通过文字的方式看到关于历史方面的内容，更尊重关于妆容背后历史的知识性和文化性。然而关于教程部分这种实用性的内容更趋向视频等多媒体形式获得。图书的内容部分要侧重于妆容历史部分，增加内容关于历史方面的可信性，加大内容的文化价值，这样才有足够的吸引力，让读者觉得这本书"值得买"！

⑤找一个买这本书的理由：

从美妆里面来看历史；对于男生而言，作为礼物书送给女朋友是一个新的营销思路；封面、封底对于读者的购买决策起到了一定的作用。

⑥最近一次买书是什么时候，在哪买的，为什么买：

多倾向于网络渠道；倾向于实用。

⑦身边有没有什么团体可能会团购这本书：

团购的可能性很小，但是根据采访，可以针对大学生古风社团进行营销。

⑧对价格的预估（先展示市场上同类书价格再问）：

读者预估价格在 50~100 元以内。

⑨你平时关注的与古风、历史或者美妆有关的公众号或 App 有哪些：

这个访谈中可以看出一些受读者欢迎的媒介渠道，在后续调查中，发现"说怪志"公众号可以作为一个推广媒介，App 中小红书以及微博更为合适。

⑩如果在你关注的公众号或 App 上看到了图书的推广，会有购买欲望吗，影响购买欲的因素有哪些：

媒介推广对于受众是有一定的影响力的，但是前提是营销广告要有足够的吸引力，而且"内容为王"，图书的内容才是决定受众是否购买的关键。

4. 核心读者定位

①部分历史爱好者群体：

群体特征：这部坠毁历史爱好者有一定的年龄限制，基本属于年轻大学生群本；以女性群体为主，男性群体为辅；经济基本没有独立，但是对于自己喜欢的东西的价格并不敏感。

爱好与生活方式特征：对于历史，出于好奇心，更愿意去了解的不是历史背后推动发展的手，而是历史的风貌与故事；喜欢体验与猎奇，喜欢轻历史，浅阅读；有自己喜欢的圈子和关注的意见领袖，对《国风美少年》这种综艺节目感兴趣。

购买动机：对于各个时代妆容、妆容体现的社会风俗感兴趣。

②古风爱好者：

喜欢古风，女性，身份是学生，受教育程度高中及以上，主要年龄段在18~24岁，从大学生到上班前的阶段；喜欢偏向中国传统风格的事物，如关注古风美食博主李子柒，古风汉服博主小豆蔻儿，古风美妆博主扬扬等；购书行为以自己的兴趣偏好为主，有相对固定的社交圈，相互交流关于古风知识，希望可以通过书籍得到相关历史方面的知识，以丰富自己对于古风的见解。

5. 细分市场

①读者购买心理预测：

学习古风妆容的画法；了解中国古代化妆妆容的发展历程与历史故事；对于古风爱好者，可能会购买作为收藏品以及礼物书。

②可能读者对象：

化妆造型师；古风化妆造型爱好者；古风妆容历史文化爱好者；古风摄影爱好者；作者粉丝；相关研究人员与学生。

二、图书设计与 SWOT 分析

(一) 内容形式设计

1. 内容设计

①朝代的时间线索，朝代典型妆容（按妆容种类分）；

②妆容起源与发展故事，发展与社会发展的关系+妆面图与图解+从古代妆容中结合现代妆容美学搭配建议；

③小贴士：胭脂水粉。

内容中将美妆教材部分删除，为了跟现代结合，有实用意义与价值，添加美学搭配建议小贴士部分。

另,此处妆面图图解并不是步骤教学图解,应该是对于历史图片中的妆容或者已经画好的古代妆容的解释(如,眉毛的名称、含义,能带来怎样的美感)。

总体图书逻辑:美妆历史——从美妆发展看历史——美学搭配。

内容定位:一本讲述古妆历史、相关朝代社会风俗以及与古妆相关的历史故事的图文兼备的通俗历史读物。

2. 图书定价设计——78 元

①图书信息设定:

32 开精装,四色印刷,首印 10000 册

a. 内文:352 面,11 个印张,70 克胶纸板(全纸张规格 787 毫米×1092 毫米,70 克/米^2,5400 元/吨),用纸 110 令

b. 封面用:250 克铜版纸。

②制作成本:

a. 封面印刷+覆膜+工艺:共计 10000 元(1 元/个)

b. 内文纸张:

令重 0.787×1.092×500×70×10-3≈30.08 千克

用纸吨数 30.08×110×10-3≈3.31 吨

纸张费用 3.31×5400=17874 元

c. 内文印刷:80×110×4=35200 元(80 元/令,含上版费)

d. 装订(锁线胶订):

0.05×11×10000=5500 元(0.05 元/印张)

其中 a~d 项算上 1% 的加放,则制作成本约为 69259.74 元,单价为 6.93 元/册。

③编辑成本:

编校费:3000 元、封面设计:2000 元、内文录排:2000 元、稿费:20000 元(有待商榷),编辑成本约为 27000 元,单价为 2.7 元/册。

④其他费用:

主要是运输、储存及推广的费用。

读者的心理价位在 50 元左右。基于现在的定价,在促销时打 6 折就接近他们

的心理价位了，出版单位还有定价的 40% 的让利空间，有利于图书推广。

3. 形式设计

①用纸：

32 开精装　彩色印刷　内文使用胶版纸

全张纸规格：787×1092mm

成品尺寸：184×130mm

版心尺寸：153×100mm

订口对订口：32mm

②图文比例：

大标题：2 号小标宋

人名、单位：小宋楷体小 4 号，上下空一行

摘要：黑体 5 号

正文：5 号书宋

一级标题：黑体 5 号

正文插图图片不超过页面篇幅的 25%；正文图片将图片铺面版心。

③选图标准：

图片精度在 250dpi～300dpi

像素在 1600×1200 以上

④图片排版要求：

绘图软件用 Visio、CorelDraw、Word、Microsoft Draw 以及 Excel、Microsoft Graph、SPSS 等数据绘图软件。生成的图形应直接置入 Word 文档中，且放在正文提及它的位置。不能因插图位置不够或填充版面而切开一个文字自然段。

若图片必须从印刷品、照片等载体上扫描，应注意纯线条图须用 600dpi 的分辨率按 1 bit（黑白方式）的 tif、bmp 格式，宽度不超过 13cm，高度不超过 18cm 的尺寸存盘。对于照片或需要灰度的图片，可用 150dpi 扫描，扫描后调整至满意的效果。

无论是人工用软件绘制的图形还是数据成图软件生成的图形，其线条的粗细一律用 0.25 磅，颜色为黑色。图文框的边框颜色为无色透明。

如稿件中有彩色或必须作铜版纸印刷的黑白照片，需要高质量的原照片。

凡不作彩色或用铜版纸印刷的统计图形（如使用 excel 制作的柱状图等），去掉图的背景色。

封面展示

内文版式展示

（二）作者选择

桐华，中国女作家、影视策划人，毕业于北京大学，是多部古装剧（《步步惊心》《风中奇缘》《云中歌》《金玉良缘》）的原创小说作者，具有丰富的写作经验、较强大的影响力和粉丝基础。

李芽，上海戏剧学院副教授，《脂粉春秋——中国历代妆饰》的作者，具有十分丰富的专业知识。

为了避免这本书写成一本学术专业书，我们邀请古言畅销书作者桐华与专业学者李芽合作来写这本书。

（三）SWOT 分析

1. 优势（S）

①历史与教学结合，增加了历史厚重感，可以拓展读者群；

②以视频教学代替图片教学，步骤更加清楚，同时版面更好处理；

③以图片解析以及讲故事的形式展开叙述，可以帮助读者获得更好的阅读体验。

2. 劣势（W）

①视频教学无疑会增加图书的制作成本，定价太高可能会让读者望而却步；

②打着历史厚重的牌子吸引爱好古风的现代读者，难以把握图书的内容深度，来满足两类读者的需求。

3. 机会（O）

①"汉服热"、故宫系列彩妆潮流、《国风美少年》热播等多种关于古风妆容的流行，为图书提供更好的文化环境和话题热度；

②互联网+环境下，营销渠道更加多样化，新科技图书更受欢迎；

③在阅读年龄段上超过半数的读者都是 30 岁以下，女性读者的数量是男性读者的 1.5 倍左右，与我们的主要目标受众相吻合，是购书市场上的主力军；

④历史类图书成为大众最喜爱类型的第二名，在网购种类中也位列前茅；

⑤在购书目的上，排名第一的是兴趣爱好，其次为知识/技能提升和休闲娱乐，读者愿意为自己的爱好买单，并且在自己感兴趣的方面也愿意花钱，在符合自己口

味的情况下再增加自己的知识面，同时提升自己的技能，又能运用到实际生活中，对于喜欢古风，喜欢历史的人说，我们的书有很大的吸引力。

4. 威胁（T）

①各大美妆、潮流 App 盛行，相对于纸质书而言更加方便，成本更低，呈现方式更多样化；

②擅长出版通俗类图书的出版社很多，而一些不主攻出版通俗类图书的出版社也曾出版过不少优秀的通俗类历史图书，如人民邮电出版社等。而且这些出版社的发行渠道都很广，擅长策划、营销，均出版了大量畅销书。本书想在这些优秀的出版社所出版的同类书籍中脱颖而出很不容易。

三、营销活动策划

（一）营销主题——遇见

随着汉服热的兴起和传统文化的复兴，越来越多的人开始对古代妆容感兴趣。但是因为成本高、程序烦琐等条件的限制，体验一次古风妆容目前对大多数人来说还是很难实现。我们的营销活动主要以古风妆容的体验为切入点，吸引古风爱好者、汉服爱好者、历史爱好者、穿越爱好者、美妆爱好者来参与我们的营销活动，从而吸引更多喜欢古装、对古装感兴趣的人来了解我们的图书。同时，本书作者桐华和李芽分别作为古言畅销书作者和专业学者，已经有自己相对忠实的粉丝群体，我们在着重古风妆容体验的同时，从作者角度加大宣传，让粉丝们了解到本书的存在，进一步增强书的影响力。

（二）营销策略与思路

线上线下联动，线上的多媒体平台扩大宣传，线下的体验式营销活动增强沉浸感。

以"遇见"为主题展开，分为四个阶段：

"遇见·历史"（线上预热）——"遇见·新书"（新书上市）——"遇见·美"（大规模推书）——"遇见·倾城之约"（线下活动）

由线上传播速度最快、受众最广的微博微信和 B 站为开端，进行第一阶段的广度预热，让读者知道有这么一本书；第二阶段新书上市，硬广、新书发布会和电商平台从时间上相互配合，让读者对这本书有一个较为全面的认识；第三阶段，进行体验式营销，以书为辅助工具，让读者在互动中对这本书的内容有更深入的了解，同时推动书的销售；最后一个阶段，线上线下联动，给读者创造一个空间，沉浸式感受书中的氛围，了解历史、体验古代妆容，并主动进行转发分享，增强本书的口碑。

线上渠道选择依据：受众群体分类。

① 针对古风关注者。

公众号：少女心事调查室、东方手艺人

微博：国史古风、古风的那些事儿、爱古风、洛梅笙

② 针对美妆、时尚关注者。

公众号：时尚芭莎、凤凰网时尚、拾妆记 SPIRITY、嘉人美妆

微博：微博美妆（微博时尚行业官方微博）、YSL 圣罗兰美妆、美芽美妆、闺蜜网 KIMISS（美妆消费决策入口）、美妆第一线、热美妆、美妆小技巧、Style 美妆、热美妆师、海外美妆菌、美妆师 carla、潮美妆君；

③ 针对历史关注群体。

公众号（主要选轻历史）：历史故事、水煮历史。

微博：这不是历史、疯狂历史、左右历史、送历史个救生圈、历史课课代表、拾点历史

④ 作者粉丝群体。

公众号和微博：作者的微博账号、磨铁图书相关的微信公众号和微博。

(三) 广告与活动策划

1. "遇见·历史"（线上预热）

① 微信公众号软文。

类型1：紧跟热点，拓宽知识，适合古风类公众号，美妆时尚公众号

借势热播古装剧→引出时代背景→讲出妆容的风格、特色，反映出当时社会背景。

类型2：艺术性，适合古风、美妆时尚公众号

以古装剧中造型为例，进行古风美妆教学，"手把手带你体验盛唐桃花妆"。

类型3：科学性、历史性，适用偏向历史故事、美妆故事的公众号

由一个妆容引入历史传说，古籍考证历史，朝代的背景风貌。

类型 4：书单来了，十点读书，新京报书评周刊

进行新书介绍，内容包括名人推荐、采取书中内容摘抄、作者访谈、编辑手记。

②微博（话题：前世今生，遇见花容）。

短文字+图片（九宫格）

云想衣裳花想容，春风拂槛露华浓……

额间描一朵花钿，梦回唐朝，遇见花颜月貌……

③短文字+视频。

视频：【剧情类】9 分钟左右

挑选书中比较有吸引力的故事拍成系列短视频（内容类似于《国家宝藏》，发布到以上平台进行传播，使书活起来）。

示例——《梦回落梅》

【脱口秀类】6~7 分钟（做成音频投放于喜马拉雅等 App）

以趣说历史的方式，拍成系列视频《潮流是个圈儿》。

示例——《潮流是个圈儿，古代白妆 VS 今日艺妓瓷白妆，巧合还是轮回？》

注：上述两类视频都是按照书中的 12 个章节从先秦到民国，选择一个代表性的妆容进行拍摄，并在全书宣传的整个时间段定期发布，平均 3 天更新一次，微博和 B 站同时上线，并挑选精彩片段由前述微博大 V 转发。

④B 站。

上述微博中的两种视频同时放在 B 站的"时尚"类的美妆频道。

"系列视频"模式首页推荐板块下的滚动屏做广告。

注：所有文章、图片、视频的结尾处放置一个图书的宣传海报，预售优惠为定价的 8.8 折。设置"幸运奖"，付预售款的读者有机会获得"遇见·容华之言"新书发布会的入场券。

2. "遇见·新书"（新书上市）

①地铁硬广。

在地铁等候区玻璃门后投放大幅图书广告，人们在等候地铁或地铁快要进站时抬头就可以看到。

广告文案：翻开书，穿越千年，遇见盛世美颜！

② "遇见·容华之言"新书发布会。

"容"代表《花想容》这本书,"华"代表畅销书人气作家桐华,新书发布会是邀请桐华来到现场,与读者面对面对话。

宣传阶段:作者微博,关于古风、美妆的大 V 博主转发活动预告,限时开抢"遇见·容华之言"新书发布会的免费入场机会。

强调参与发布会即有机会获得桐华亲笔签名款海报。

实施阶段:地点以一、二线城市的特色书店为主。(推荐书店:万圣书园、三联韬奋书店、单向街书店、之意书社、扶光书店星空舞台、12 书店)

时间:预热 15 天后开始

现场活动:

现场卖书活动,书店在发布会入口处设置摊位,现场买书即可获得发布会的入场券一张;读者凭前期抢到的免费入场机会或是现场买书获得的入场券进入发布会观众席;作者桐华与读者面对面,先讲述自己创作这本书的过程,思想历程,写作趣事,在活动环节与现场读者一起讨论对于这本书的看法,也可挑选书中的故事进行讲解。

(发布会在微博平台全程直播,现场图集上传至平台,另配文案:容华之言,等你来听!)

③电商平台。

与当当网、亚马逊、京东等图书营销平台合作。

广告语:遇见历史,遇见美。

活动内容:在图书营销平台首页投放广告,结合 AR 试妆技术,吸引读者兴趣,点入了解,进行试妆,试妆后链接进入图书介绍页面;在中国传统节日时期,推出传承中华文化类活动,重点推出美妆历史部分;打折销售。

3. "遇见·美"(大规模推书)

① "遇见·书妆"抖音、微视、火山小视频线上互动活动。

书妆造型 #今天你有"书"妆造型吗#。

本书有很多单页或跨页高清彩色古代妆容图,可以在抖音等 App 发布用本书"换妆"的短视频,吸引大家参与。

视频说明:

形式类似于《阿迅》的营销。

配乐选择抖音最火的音乐中较为适合本视频的歌曲。

(说明：用抖音最火的音乐比自己去选择更符合抖音等短视频 App 用户的审美，更有可能引起传播扩散)

跟着节拍进行换妆，一个节拍换一个妆容。

发起话题#古代的我也美美哒#。

视频说明：

通过抖音炫酷特效实现

一秒换装+古代妆容特效

配乐选择抖音最火的音乐中较为适合本视频的歌曲。

演员根据配乐的节奏进行"换妆"，一个重音节拍打一个响指换一个古代妆容。

【说明】

适合的歌曲较为相似，可在下列歌曲中挑选最为合适的——《你笑起来真好看》(酷我抖音热歌榜第 2)、《爱你三千遍》(酷我抖音热歌榜第 5)、《你的酒馆对我打了烊》(酷我抖音热歌榜第 7)、《浮年盏》(古风，新歌，暂列酷我抖音热歌榜第 9)、《娃娃脸》(酷我抖音热歌榜第 10)、《夜来寒雨晓来风》(古风，酷我抖音热歌榜第 18)、《我要变好看》(酷我抖音热歌榜第 27)

形式较为相似，可以只挑选一个，因为第一种"书妆造型#今天你有'书'妆造型吗#"中书籍有出镜，更有可能拉动购买，所以首选建议是这一种，不过预算允许的话两种方案也可以配合使用，毕竟只有一种视频的话热度很快就会降下去。

发起话题#翻开书 遇见前世的自己#。

每本书中随机附赠不同的书签(上面有古代妆容，妆容简介，抽到这个妆容的你前世可能是什么身份、有什么性格)

视频说明：

大致分三个部分——

从天上掉落本书，在镜头前拆开书的塑封，发现印有古代妆容的书签(演员情绪：惊讶、好奇)(时长 2~3 秒)；

向镜头展示随机附赠的书签中自己的前世(时长 1 秒左右)；

对镜头根据书签畅想自己前世可能有过什么爱恨情仇(开脑洞讲故事)(时长 30 秒左右)。

②"遇见·前世的你"试妆 H5。

广告语：我们曾惊艳于历代绝美的妆容，那如果回到古代，你会是怎样的你？是否也惊艳于自己的面容？是否有不同的韵味？

首页示意图：

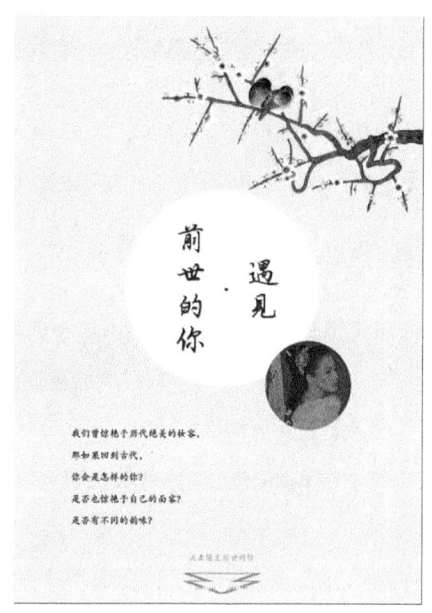

内容描述：

首页引入

简单介绍古代妆容类别

选择想要尝试的妆容

进行 AR 试妆

妆容分析报告

推出图书广告

(走进我们，遇见你的前世容颜——《花想容——美妆的历史》)

发布渠道：

与相关公众号进行合作，发布活动 H5，吸引大家进行分享。

微博、小红书等 App 的首页投放。

③"遇见·美颜"主题美图 App 特效。

广告语：前世美颜，一见倾心

目的和意义：激发受众对于古代妆容的兴趣，增加受众对图书的好感度，树立图书形象，提升知名度，打出图书品牌。

活动内容：

在 App 广告页面推出"点击进入，一见倾心"活动，

点击进入链接，便可以试妆，自行选择不同朝代的不同妆容。

在 App"贴纸"中推出"花想容"系列贴纸

相机中可直接拍照化成想要的朝代妆容

合作 App：美图秀秀、轻颜相机、B612

（四）"遇见·倾城之约"（线下活动）

将拍摄剧情类视频时所搭设的场景从先秦到民国各个朝代划分好，进行开放展示，请之前提到的古风大 V 去拍摄 vlog 或是穿着古风的服饰去拍照，并在微博、小红书等平台进行展示，力求将此处变为网红打卡地。

在剧情类经典镜头拍摄地植入图书硬广，力求让游客在拍照的时候能将硬广拍入镜头中，但未免引起反感，硬广体积不宜太大，且位置不宜太尴尬。如在《梦回落梅》中梅花落到睡熟的公主眉心时，公主睡的那块石头前的地上贴一个类似于掉落的梅花的二维码，游客拍照时不怎么注意到，但拍成照片分享到社交平台后，他的朋友亲人就会发现这张照片是可以识别二维码的，扫码发现是 5 元购书折扣券以及购买链接。（这里可以在微博进行话题引导，如#扫一扫发现照片中隐藏的大秘密）

游客可以在这里拍照，上传到微信、微博等社交平台，集赞超过 30 个即可 3 折购买《花想容——美妆的历史》，集赞超过 60 个即可 2 折获得限量版古风大 V 签名图书。

在活动现场，提供化妆服务，使用与古风美妆品牌合作推出的化妆品。

广告语：倾城之颜，等你遇见！

活动内容：

①合作推出花想容系列化妆品。

包含花想容·怀旧系列（化妆品及化妆工具还原古代真实样式和类别）。

花想容·传承系列（结合当代化妆品，对古代化妆品进行改造，更加贴合当代

人使用习惯)。

②推出抽奖活动。

购买本书，即可参与抽奖。

奖品可有：与著名化妆师合作，获得化妆师免费造型机会；

与摄影工作室合作，获得免费拍摄古风系列写真的机会等。

品牌备选：花西子、谢馥春、美康粉黛。

四、营销预算

营销预算　　　　　　　　　　　　　　　　　单位：万元

项目	预算
微博	10
微信	1.5
广告制作加投放	30
线下活动	23
合计	64.5

五、控制与反馈

（一）可能存在的问题

①在视频广告与软文广告的投放过程中可能会出现点击率、阅读量不够的情况；

②线下活动可能会出现参与人数不够的情况；

③在线下活动中要注意秩序与安全。

（二）解决方案

①无论是线上活动还是线下活动，都要做好足够的的预热准备；

②同时线上活动要保持一定的信息流与时间流强度；

③线下活动要提前做好安保举措。

(三) 市场反馈

①出版社实地调查，采访，问卷调查等形式进行消费者市场调查；

②代理商和经销商反馈给出版社销售情况，盈利能力，品牌影响力的扩大度；

③出版社自身生产链的信息反馈；

④与读者互动的营销活动中，比如读书会中收集读者反馈。